4.311

ŒUVRES
DRAMATIQUES
DE
NÉRICAULT DESTOUCHES,

De l'Académie Françoise.

NOUVELLE ÉDITION,

Revûe, corrigée, augmentée de quatre Piéces, & toute semblable à l'Édition de l'Imprimerie Royale, in-4°. 4 vol.

TOME SIXIÉME.

A PARIS,
Chez PRAULT pere, Quai de Gêvres.

M. DCC. LVIII.
Avec Approbation & Privilége du Roi.

TABLE DES PIÉCES
contenues dans ce sixiéme Volume.

L'AMBITIEUX ET L'INDISCRETTE.

L'ENFANT GASTÉ.

LE MARIAGE DE RAGONDE ET DE COLIN, ou LA VEILLÉE DE VILLAGE, *Divertissement en musique.*

LES FESTES DE L'INCONNU, *Divertissement.*

LA FESTE DE LA NYMPHE LUTECE, *Divertissement.*

L'AMBITIEUX,
ET
L'INDISCRETTE,
TRAGI-COMÉDIE.

Tome VI. A

PRÉFACE.

JE n'aurois point fait de Préface à cet ouvrage, si je n'avois crû devoir achever de détruire les bruits injurieux qu'on a fait courir avant sa représentation, & si je ne croyois nécessaire d'opposer quelques raisons à la prévention avec laquelle on pourroit encore le lire. Je dirai donc, pour me justifier de ces bruits si contraires à la pureté de mes intentions, que j'ai toujours regardé comme indigne de la probité, le trop facile & le punissable talent de la satire, genre d'écrire par lequel, souvent aux dépens de la vérité, on se prépare des succès fondés sur la malignité du cœur humain. Mes ouvrages font foi de ce que j'avance. J'ai toujours moins pensé, en écrivant, à m'acquérir la réputation d'homme de lettre, qu'à m'assurer celle d'honnête homme & de bon citoyen.

Si ces ouvrages ne peuvent me placer

PRÉFACE.

au rang des auteurs illustres, ils me distingueront du moins de ceux qui ont sacrifié leur honneur au desir de plaire, de ces auteurs forcés à se cacher à mesure que leurs productions éclatent, & à qui le public fait payer les applaudissemens passagers qu'il leur donne, par toute la haine & le mépris dont il les accable.

Cette réflexion suffiroit aux personnes qui me connoissent ; mais je dois ajouter qu'il y a près de six ans que cette comédie est faite, & que dès lors la plus grande partie de mes amis, parmi lesquels il en est de respectables par le rang & par la naissance, l'ont entendu lire.

Je répete que je ne combats ici que le préjugé de mes lecteurs, puisque je suis persuadé que la lecture de la piéce produira à cet égard le même effet que la représentation ; elle confondit l'espoir de ceux qui n'y trouverent pas l'attrait qu'ils y cherchoient. Ils m'accusoient, avant de m'avoir entendu, d'avoir abusé de la liberté d'écrire ; mais après la représentation, aussi condamnables dans leur ju-

PREFACE.

gement qu'ils l'avoient été dans leur prévention, ils me firent un crime d'avoir frustré leur attente.

Je n'en dirai pas davantage sur cet article ; &, puisque l'occasion s'en présente, je rendrai compte en peu de mots des caractéres principaux que j'ai introduits dans ma piéce, & de la maniere dont j'ai crû devoir les mettre en œuvre. Ce détail pourra servir de réponse à quelques critiques qu'on a faites de mon ouvrage.

L'étude de la nature, objet de l'attention principale d'un auteur dramatique, lui fait connoître qu'un ridicule ou qu'un vice, quoique toujours le même, prend une forme particuliere dans les différentes personnes, selon les rangs qu'elles occupent dans la société ; c'est une couleur qui se trouve plus ou moins brillante, selon l'étoffe qui en est teinte.

D'un autre côté, l'art nous enseigne que lorsqu'on met un caractere au théatre, on doit le peindre dans la plus grande étendue qu'il est possible, & le placer au

PREFACE.

milieu des circonstances où il produit le plus d'effets intéressans.

Sur ces deux principes, quoiqu'il soit aisé de trouver un caractere propre au théatre, car on les a tous sous les yeux, la véritable difficulté consiste à le placer dans un personnage convenable, & à l'environner des circonstances qui peuvent servir à le mieux développer.

En me proposant de peindre le caractere d'un ambitieux, je compris, après bien des réflexions, qu'il m'étoit impossible d'y réussir, si la scéne ne se passoit à la cour d'un roi, si je n'y faisois paroître des personnages d'un rang le plus éminent, & si mon ambitieux n'étoit pas lui-même dans le plus haut degré de l'éclat & de la faveur.

L'ambition déréglée est de tous les états, sans doute; mais dans les hommes du commun elle n'a rien qui intéresse la société en général : toujours blâmable, à la vérité, dans les moyens qu'elle emploie pour s'élever, elle ne blesse cependant que quelques concurrens obscurs

PREFACE.

qu'elle renverse ; souvent applaudie par les désintéressés, elle passe quelquefois pour grandeur d'ame ; infailliblement bornée dans sa course par d'invincibles obstacles, elle fait dégénérer ces ambitieux subalternes en esprits chimériques & ridicules : au lieu que dans celui qui touche aux premieres places d'un état, & qui ne voit plus que quelques degrés jusqu'au but où il imagine follement que ses desirs seront remplis, l'yvresse de son ambition devient l'intérêt général de toute une nation ; les sacrifices qu'il fait à sa passion sont si grands que tout un peuple en est quelquefois la victime ; les ressorts qu'il fait mouvoir entraînent les plus grandes révolutions, & presque tous les yeux fixés sur lui, sont dans l'attente de son succès ou de sa perte.

Je ne pouvois donc peindre toute l'étendue de ce caractere que dans un favori, qui devant être satisfait de se trouver élevé aussi haut qu'un sujet peut l'être, comblé d'honneurs & de richesses, forme encore le projet téméraire de s'al-

PREFACE.

lier à son souverain, de partager avec lui l'autorité, de tenir sa grandeur moins de ses faveurs que de la nécessité, & qui par là se prépare des moyens sûrs de pouvoir être ingrat sans danger.

Cette peinture de l'ambition renfermoit en grand tous les traits qui caractérisent les ambitieux d'un ordre inférieur; le moins se trouve toujours dans le plus, au lieu qu'en avilissant mon sujet, je m'interdisois tout ce qu'il a de plus théatral & de plus beau.

Quelque méprisable que soit l'ambition aux yeux de quelques philosophes, elle porte avec elle un air de grandeur qui en impose au reste des hommes; ses sentimens sont élevés, ses expressions sont fieres; elle est toujours accompagnée de supériorité d'esprit & de courage; elle impose silence aux autres passions, & inspire même le mépris de la vie. Ces grandes maximes, ces argumens brillans & captieux, cet héroïsme dont l'ambition se pare & s'autorise, devenoient dans la bouche d'un homme du

PREFACE.

commun un langage outré, insupportable & ridicule : tout enfin me détermina à prendre mon ambitieux au milieu de la cour. Ce choix où je me vis forcé par tant de raisons, entraîna toute l'économie de mon sujet ; intrigue, dénouement, portraits, stile, tout devint nécessairement d'un genre élevé.

Toutes les beautés que j'apperçus dans mon sujet ne m'éblouirent pas sur les inconvéniens que j'allois trouver dans l'exécution : la gravité de la matiere que j'avois à traiter, se prêtoit avec peine au comique & aux agrémens si nécessaires au théatre.

Je cherchai ce qui pouvoit égayer mon sujet, & je le trouvai dans le contraste des caracteres qui le rendoient nécessairement sérieux. Comme il falloit que mon héros fût amoureux, afin qu'il pût, après de violens combats, faire à son ambition jusqu'au sacrifice de son amour, je crûs ne pouvoir mieux faire que de lui donner pour maîtresse une jeune personne sans ambition, sans expérience, &

PREFACE.

dont il fût tendrement & fidélement aimé. J'opposois par ce moyen la simplicité à l'artifice, la vérité à la politique, & la timidité à l'audace. Ce caractere introduisit sur le champ dans mon ouvrage un intérêt tendre, & des traits de naïveté & de candeur qui devoient en interrompre la gravité.

Mais cela ne suffisoit pas. J'avois besoin d'un personnage vraiment comique, & même un peu ridicule; j'en puisai l'idée dans les qualités opposées à celles que doit avoir un premier ministre.

Un premier ministre doit être le plus sage, le plus modéré & le plus discret de tous les hommes; &, grace au bonheur de la France, j'en avois sous mes yeux un parfait modéle.

Que pouvois-je mieux faire contraster avec ce caractere que je donne au premier ministre de ma piéce, que celui d'une femme sans modération, vive, imprudente & indiscrette à l'excès. Il seroit pitoyable de soutenir que ce caractere n'est pas dans la nature, & il me paroît

PRÉFACE.

très-mal fondé de prétendre qu'il est déplacé dans mon ouvrage. La naissance la plus illustre, les postes les plus éminens, les rangs les plus élevés n'exemptent pas toujours des ridicules ; & je ne craindrai pas d'être désavoué, en disant que c'est au milieu même de la Cour que les ridicules qui s'y trouvent quelquefois sont plus sensibles, plûtôt reconnus, & plus ingénieusement critiqués.

Dira-t-on que la femme d'un premier ministre ne doit pas être aussi extravagante ? Je conviens que cela seroit toujours à souhaiter ; mais on ne peut pas dire qu'un pareil assemblage soit impossible. Socrate, cet exemple de sagesse & de vertu, n'avoit-il pas le malheur d'être uni à la plus folle & la plus méchante de toutes les femmes ? Loin que cette infortune l'ait dégradé dans notre esprit, elle a servi à couronner ses autres vertus, en lui fournissant le moyen d'exercer une patience presque inconcevable. Pourquoi donc un premier ministre n'auroit-il pas le sort de ce grand philosophe?

PREFACE.

Je persiste donc à penser que le caractere dont il s'agit a fort bien pû se trouver à la Cour, & que par conséquent je n'ai pas forcé la nature en le plaçant dans ma piéce ; non que je n'aye en même temps prévû qu'il deviendroit l'objet de quelques critiques.

La dissonance un peu marquée de ce personnage à côté des autres, offroit une prise trop aisée aux censeurs qui ne se soucient point d'approfondir, & qui ne veulent remporter du spectacle que la vanité d'y avoir trouvé des défauts. Cette prévoyance m'avoit engagé pour donner encore plus de vraisemblance au caractere de Dona Béatrix, d'établir avec soin que cette Dame est une provinciale qui n'est à la Cour que depuis peu, qui en ignore le ton, les manieres, la politique & les rafinemens, quoiqu'elle se flatte de les posséder à fond. Par cette surabondance de précaution, j'ai prévenu jusqu'à l'objection qu'on me pourroit faire, que l'éducation & le long usage de la Cour corrigeoient les ridicules qui

PREFACE.

pouvoient y naître. Enfin je conçus dès-lors tout le besoin que j'avois de n'en remettre le rôle qu'en de sûres mains, & de ne le confier qu'à l'excellente & célébre * actrice, dont les talens gracieux & inimitables ne m'ont jamais mieux secondé que dans cette occasion.

Résolu de me servir de ce personnage qui me fournissoit la plus grande partie du comique de mon ouvrage, je m'attachai avec soin à le rendre essentiellement nécessaire; je fis sortir de son caractere les principaux événemens de la piéce; & c'est en effet ces indiscrétions qui font naître les incidens qui forment le nœud, & qui accélerent le dénouement. Je le liai si intimement à la construction de tout l'ouvrage, qu'il en est inséparable; & je préparai enfin l'indocilité & l'indiscrétion de Dona Béatrix, par un portrait exact que Dom Philippe en fait avant qu'elle paroisse. Je lui fais dire :

. . . .
Moi qui gouverne tout, je vous ouvre mon ame;

* *Mademoiselle Quinault.*

PRÉFACE.

Je ne puis parvenir à gouverner ma femme.
. . . .
Je tremble à chaque mot que sa bouche articule:
Son indiscrétion va jusques à l'excès,
J'en vois à tout moment quelque nouvel accès.
Curieuse, empressée, elle veut tout apprendre,
Et tout ce qu'elle sait elle va le répandre.
Le crédit de mon frere, & son autorité,
Jusqu'à l'extravagance enflent sa vanité:
Avec la sœur du roi, princesse haute & fiere,
Elle ose se montrer, & libre, & familiere,
Et s'expose souvent à des rebuts fâcheux.

Enfin, Dom Philippe acheve cette peinture, en disant que s'il se déplaît à la Cour, & s'il brûle d'en sortir, sa femme en est la cause principale.

Après ce portrait qu'on vient de lire, je ne comprens pas que les fréquentes indiscrétions de Dona Béatrix ayent pû surprendre : il me semble au contraire que si je lui en avois moins fait commettre, c'eût été un défaut qu'on m'auroit reproché avec justice.

» Qu'un personnage que vous imagi-
» nez se soutienne depuis le commen-
» cement jusqu'à la fin ; qu'il ne se dé-
» mente pas un seul instant ; qu'il rem-

PREFACE.

» plisse le portrait que vous en aurez
» fait.

Personne n'ignore ce précepte d'Horace, qui n'est fondé que sur ce qu'un seul trait ne suffit pas pour peindre la ressemblance, & qu'elle consiste dans l'assemblage de tous les traits. Si cette regle, à cause de la difficulté de l'accorder avec celle de l'unité de jour, n'engage point un auteur à peindre le personnage qu'il a choisi avec tous les traits qui le caractérisent ; elle l'oblige au moins de se servir des traits les plus marqués & les plus distinctifs, & d'en employer le plus grand nombre qui lui sera possible. Si je n'avois fait tomber Dona Béatrix que dans une ou deux indiscrétions, j'aurois peint une femme capable de faire une indiscrétion, mais non pas une femme indiscrette.

Le menteur ne paroît jamais sur la scéne, que pour faire un mensonge & même plusieurs dans une seule scéne ; loin de s'en étonner, on blâmeroit Corneille s'il l'eût fait moins tomber dans ce

PRÉFACE.

défaut, on lui eût reproché d'avoir représenté un homme qui ment par occasion, par intérêt, &c. & non pas un menteur par habitude & par caractere.

Il me reste à parler de l'Infante d'Arragon; je ne pouvois m'en passer pour mon intrigue, mais il me falloit en faire deux usages bien opposés. Premierement, elle ne devoit être dans la piéce qu'un personnage épisodique, qui ne fît aucune diversion à l'intérêt principal; en second lieu, elle devoit réunir toute l'attention dans le dénouement. Je devois ennoblir ce personnage, afin qu'il imposât au cinquiéme acte; & j'avois à craindre, en le rendant trop éclatant dans le cours de la piéce, qu'il ne doublât mon action. Le secret que l'Infante d'Arragon fait de son voyage à la Cour de Castille, m'a tiré de cet embarras; la nécessité où elle se trouve de ne se montrer que rarement, fait que le spectateur ne souhaite pas qu'elle contribue visiblement à l'intrigue; son absence même, & son silence dans cette circonstance donne

PRÉFACE.

à son caractere le degré de noblesse dont j'avois besoin.

J'avoue que son voyage mystérieux n'est pas selon nos usages, ni même selon ceux qui sont, depuis un temps, reçûs par tout. Mais ne reviendrons-nous jamais de l'injuste préjugé de ne souffrir au théatre que les façons & les airs de notre temps & de notre pays ? Faudra-t-il que tous les hommes & tous les âges parlent dans nos spectacles le même langage ? Et comment est-il possible que les François, amateurs déclarés de la variété, s'obstinent à une uniforme si peu raisonnable ? Ils lisent tous les jours avec avidité les journaux & les voyages, qui leur font connoître d'autres hommes qu'eux, d'autres climats, d'autres coûtumes, & d'autres loix que les leurs : entraînés par le plaisir que leur fait cette lecture, ils poussent quelquefois la crédulité trop loin ; & lorsqu'on leur présente ces mêmes peuples sur la scéne, ils sont tout étonnés de ne leur pas trouver nos traits, nos mœurs & nos manieres.

PREFACE.

Admirateur zélé de Racine, je ne puis m'empêcher de lui reprocher d'avoir introduit au théatre cette monotonie de sentimens & de langage; goût qui a tellement prévalu dans la suite, qu'il a fait abandonner ou défigurer souvent aux auteurs les plus beaux sujets dramatiques; qu'il a retréci le dictionnaire de la Tragédie presqu'autant que Quinault celui du Théatre Lirique, & qu'enfin ce goût a influé même sur la Comédie. Le grand Corneille pensoit bien différemment, & malgré l'élévation du style de la Tragédie, il y savoit peindre des caractères décidés & sensibles; il savoit profiter de l'agrément & du contraste que fournissent la variété des mœurs des nations, & la différence des temps; il fait sentir distinctement la simplicité & la rudesse des mœurs des premiers Romains dans les Horaces; la politique & l'urbanité de ceux du siécle d'Auguste dans Cinna; & l'on reconnoît dans le Cid la galanterie, l'esprit romanesque, & la fierté des anciens Espagnols : l'a-

PREFACE.

mour étoit autrefois chez eux une passion également vive & délicate, qui, devenant le mobile de presque toutes leurs actions, étoit l'objet de leurs fêtes les plus magnifiques, & de leurs vengeances les plus tragiques. Les amans, pour se chercher, pour pénétrer leurs sentimens réciproques, pour dérouter leurs rivaux, entreprenoient les voyages les plus dangereux, se servoient des travestissemens les plus singuliers & les plus téméraires. La discrétion & le mystere leur faisoient mettre en usage les intrigues le plus ingénieusement imaginées, & le plus adroitement suivies : nous voyons dans leurs histoires des exemples fréquens de ces mœurs, dans les personnes même du plus haut rang, il ne paroît pas qu'ils en ayent trouvé la bienséance choquée ; leurs romans & leurs comédies ne sont fondées que sur des intrigues, des déguisemens, des reconnoissances : & j'ose dire qu'il faut ignorer entierement le génie de cette nation, pour trouver étrange que l'In-

PRÉFACE.

fante d'Arragon fasse un aussi petit voyage dans une Cour où il s'agit pour elle des plus grands intérêts.

J'ai satisfait de plus à tout ce que la délicatesse de nos usages paroissoit souhaiter de moi dans cette occasion : j'ai accompagné cette démarche de toutes les circonstances qui pouvoient l'autoriser. L'Infante est sœur du roi d'Arragon, par conséquent maîtresse de sa main, en droit de connoître par elle-même si son bonheur n'est pas sacrifié dans le traité que son frere veut conclure avec la Castille ; elle ne vient *incognito* dans cette Cour, qu'à la priere & par l'ordre de son frere ; elle ne s'y présente que sous la conduite de l'ambassadeur, elle n'y paroît que sous le nom de la fille de ce ministre ; & elle n'a pour but que la légitime & intéressante curiosité de connoître par elle-même si le roi qu'on lui propose pour époux n'a pas déja quelque engagement, & si c'est à juste titre que la renommée fait l'éloge de ses vertus.

PREFACE.

Voilà sur quels raisonnemens j'ai choisi & rassemblé les caracteres dont j'ai composé mon ouvrage ; & ceux qui me feront l'honneur de le lire avec quelque attention, découvriront facilement que la construction, l'enchaînement & les détails ne m'ont pas coûté moins de réflexions & de soins : &, quoique je n'aye pas lieu d'être mécontent de sa réussite, je suis convaincu que, sans des circonstances qui lui sont étrangeres, il eût égalé mes plus grands succès.

PROLOGUE.

UNE ACTRICE.

Messieurs, vous allez voir une nouvelle Piéce
D'un auteur qui n'est pas nouveau.
L'ouvrage est singulier : vous dire qu'il est beau,
Ce seroit un peu loin pousser la hardiesse.

※

Décider avant vous, c'est hâter le danger.
Nous efforcer à si bien faire,
Que l'ouvrage puisse vous plaire,
Voilà tout notre droit, le vôtre est de juger.

※

En juges souverains faites qu'on vous respecte.
L'envie est aux aguets, la cabale la suit.
Loin d'avoir le bon goût, leur cohorte suspecte
Lui fait la guerre, & le détruit.

※

Jusques au dernier mot imposez-lui silence,
C'est l'unique faveur que nous vous demandons.
Nous plaidons devant vous : tandis que nous plaidons,
Daignez nous écouter, & tenir la balance.

※

Si notre piéce a du succès,
Pour vous, comme pour nous, j'en serai très-ravie ;
Et mon plus grand plaisir sera de voir l'envie
Perdre, avec dépens, son procès.

PROLOGUE.

Elle tremble déja : mais, s'il faut tout vous dire,
En vérité, je tremble auſſi.
Puiſſe votre équité la bannir loin d'ici !
Plus elle pleurera, plus je vous ferai rire.

Permettez à l'ambition
De vous étaler ſa manie ;
L'auteur a mis tout ſon génie
A vous en faire voir toute l'illuſion.

C'eſt, dit-on, le défaut des plus grands perſonnages ;
Et je vous avouerai ſans fard,
Que notre auteur lui-même en a ſa bonne part ;
Mais ſon ambition eſt d'avoir vos ſuffrages.

Fin du Prologue.

ACTEURS.

LE ROI DE CASTILLE.

DOM PHILIPPE, premier ministre.

DOM FERNAND, favori du roi, & frere de Dom Philippe.

DOM FÉLIX, pere de Dom Philippe & de Dom Fernand.

DOM LOUIS, ambassadeur d'Arragon.

L'INFANTE D'ARRAGON, crûe fille de Dom Louis.

DONA BÉATRIX, femme de Dom Philippe.

DONA CLARICE, niéce de Dona Béatrix.

JACINTE, femme-de-chambre de Dona Béatrix.

UN PAGE.

GARDES.

La scène est dans le palais du roi de Castille.

L'AMBITIEUX,
ET
L'INDISCRETTE,
TRAGI-COMÉDIE.

ACTE PREMIER.
SCENE PREMIERE.

D. FÉLIX.

ES deux fils à la cour! L'aîné, premier mi-
   niftre,
Le fecond, favori! Quelle étoile finiftre
Dans ces poftes brillans les a placé tous
   deux!
Qu'ils courent de dangers, & que je crains pour eux!
Leur naiffance, il eft vrai, répond à leur fortune;
Mais qu'ils feroient bien mieux dans la route commune,

Qu'au faîte des grandeurs, dont les trompeurs attraits
Vont sur eux, de l'envie, attirer tous les traits !
Heureuse obscurité, que je vous trouve aimable !
Qu'au plus brillant éclat vous êtes préférable !
Vous n'êtes point en butte aux efforts des jaloux ;
Mais, s'ils vous connoissoient, ils n'aimeroient que vous.
En vous ils trouveroient tous les biens qu'ils desirent,
Et ce parfait bonheur pour lequel ils soupirent,
Et qu'ils ne trouvent point dans ce brillant cahos,
Où l'ambition règne, & n'a point de repos.
Quelle foule de gens à mes yeux se présente !
On voit dans tous leurs traits le desir & l'attente.
Comme ils s'empressent tous ! Ils vont à la Faveur
Offrir le doux parfum de leur encens flatteur.
O mes fils ! Gardez-vous de ces trompeurs hommages.
L'intérêt, à la cour, masque tous les visages ;
Et les plus empressés à fléchir devant vous,
Vous préparent sous-main les plus dangereux coups.
Mais insensiblement la troupe entre & s'écoule,
Et je veux, à mon tour, me mêler dans la foule,
Pour voir, sans être vû. Je brûle de savoir
Comment ici mes fils usent de leur pouvoir....
Mais n'allons pas plus loin. Je vois une personne
Que je crois reconnoître, & dont l'aspect m'étonne.
Quel faste ! Quel éclat ! C'est elle toutefois,
C'est Jacinte.

SCENE II.

D. FÉLIX, JACINTE.

JACINTE.

AH, Seigneur! Est-ce vous que je vois?
Oui, voilà Dom Félix, le pere de mon maître.

D. FÉLIX.

Madame, en vérité...

JACINTE.

Moi, Madame! Peut-être
D'autres s'y méprendroient; car, sans présomption,
Mon air est au-dessus de ma condition:
On me le dit, du moins, & je le crois sans peine.

D. FÉLIX.

C'est bien fait.

JACINTE.

Cependant je n'en suis pas plus vaine.
Je suis femme de chambre, & Jacinte est mon nom.
M'auriez-vous oubliée en deux ou trois ans?

D. FÉLIX.

Non.
Vos traits m'avoient frappé. Mais, à parler sans feinte,
J'ai craint de me tromper vous prenant pour Jacinte,
Vous n'êtes plus la même.

JACINTE.

Oh, oh!

D. FÉLIX.

L'air de la cour
Vous est bon!

JACINTE.

Merveilleux. O l'aimable séjour!
Qu'une fille y profite!

D. FÉLIX.
On le voit.
JACINTE.
Ma maîtresse,
Quoique née en province, a l'air d'une princesse
A présent.
D. FÉLIX.
Quel prodige ! Elle a donc bien changé ?
Et mon fils, son époux ?
JACINTE.
Il n'a jamais songé
A réformer son air, son ton, ni sa maniere.
Pour un premier ministre il n'a pas l'ame fiere,
Assurément.
D. FÉLIX.
Tant mieux.
JACINTE.
Content, de bonne humeur;
Prévenant, gracieux, sans faste, sans hauteur,
N'ayant d'autre intérêt que l'intérêt du maître,
Et toujours occupé sans jamais le paroître.
Oui, voilà, mot pour mot, comme on parle de lui.
Vous-même, par vos yeux, vous verrez aujourd'hui
Si c'est là son portrait.
D. FÉLIX.
Je l'augure d'avance;
Et ce fils m'a donné toujours grande espérance.
Dites-moi ; se plaît-il dans son brillant emploi ?
JACINTE.
Deux fois il a tenté de le remettre au roi.
Non qu'il soit mécontent ; mais pour vivre tranquille,
Heureusement pour nous le prince est trop habile
Pour laisser échapper un si bon serviteur.
D. FÉLIX.
Est-il riche, mon fils ?

JACINTE.

Non. Pour notre malheur
Il est trop honnête homme. Il amasse, il ménage;
Mais pour qui ? Le roi seul en a tout l'avantage.
Il prétend l'enrichir, & soulager l'état.
Quant à lui-même, il vit sans pompe, sans éclat.
Dans sa grave maison tout sent l'œconomie.
Mais madame, au contraire, en est grande ennemie.
Elle aime à se charger de superbes habits;
Sur elle on voit briller diamans & rubis:
Tous ses appartemens sont riches, magnifiques;
Et rien n'est mieux paré que tous ses domestiques:
Elle ne sort jamais que dans un char pompeux,
Qui, des passans sur elle, attire tous les yeux.
Enfin, rien n'est égal à sa magnificence;
Et sa félicité consiste en sa dépense.

D. FÉLIX.

Ma belle-fille est folle; & mon fils, bien plus fou
De soutenir....

JACINTE.

Jamais il ne lui donne un sou
Que pour le nécessaire; & souvent il l'empêche
De prendre son essor: mais c'est en vain qu'il prêche,
Madame va son train si-tôt qu'elle a des fonds.

D. FÉLIX.

Et qui les lui fournit ?

JACINTE.

Le roi, qui par ses dons
Supplée à nos besoins. O le généreux prince !
Sans lui notre équipage auroit l'air assez mince:
Mais, grace à ses bontés, nous ne manquons de rien;
Et, malgré Dom Philippe, il est notre soutien.
Dom Philippe s'en plaint; le roi n'en fait que rire,
Et nous comble de biens, quoi qu'il en puisse dire.

D. FÉLIX.
Mais de ma belle-fille il est donc amoureux?
JACINTE.
Non, je vous en répons. Il porte ailleurs ses vœux,
Et se livre aux transports d'un feu plus légitime:
Mais comme Dom Philippe a toute son estime,
Sans vouloir, cependant, recevoir de bienfaits,
Sa femme, plus sensée, en ressent les effets.
D. FÉLIX.
Mon aîné, je le vois, est digne de sa place.
Je n'apprens rien de lui qui ne me satisfasse;
Et vous me confirmez tout ce qu'on m'en a dit:
Mais son frere, toujours est-il bien en crédit?
JACINTE.
Je ne puis exprimer à quel point le roi l'aime.
Il traite Dom Fernand comme un autre lui-même;
Et jamais favori ne fut plus déclaré.
D. FÉLIX.
Fort bien. Mais Dom Fernand paroît-il modéré,
Tranquille, satisfait, prudent comme son frere?
JACINTE.
Il est précisément d'un autre caractere,
Toujours rêveur, toujours formant quelque projet,
Accablé de bienfaits, & jamais satisfait.
Pour s'élever sans cesse, il met tout en pratique;
L'amour même en son cœur céde à sa politique.
Car c'est un courtisan plein de manége & d'art,
Dont l'air & les discours sont parés d'un beau fard,
Et dont l'ambition, selon les conjonctures,
Prend, pour son intérêt, cent diverses figures.
Pour aller à son but, prêt à tout hazarder;
Voulant toujours la guerre afin de commander,
Et préférant, dit-on, cet honneur, à la gloire
De cueillir tout le fruit d'une pleine victoire.
Voilà ce que j'en sais. Je vous le dis tout bas:
Ainsi, mon bon Seigneur, ne me trahissez pas;

Car la sincérité me feroit préjudice.
Ailleurs elle est vertu, mais ici c'est un vice.
D. FÉLIX.
Je ne le sai que trop, vous me connoissez bien;
Et je suis trop discret pour vous commettre en rien.
JACINTE.
Quand je connois mes gens, ma langue s'émancipe;
Autrement...
D. FÉLIX.
Pourriez-vous avertir Dom Philippe,
Que je voudrois ici lui parler un moment?
JACINTE.
Oui, Seigneur, & je vais vous servir promptement,
D. FÉLIX.
Dépêchez-vous.

SCENE III.
D. FÉLIX seul.

Selon ce qu'elle vient de dire,
Pour la retraite encor Dom Philippe soupire,
De son superbe joug il n'est point entêté,
Et ne voit de bonheur que dans la liberté.
Du moins il le pensoit dès l'âge le plus tendre,
Et j'ose me flatter qu'il voudra bien m'entendre.
Mais le voici lui-même: & mon cœur est charmé
De marquer ma tendresse à ce fils bien-aimé.

SCENE IV.

D. FÉLIX, D. PHILIPPE.

D. FÉLIX
embrassant Dom Philippe.

Enfin, je vous revois, mon cher fils !

D. PHILIPPE.

Ah, mon pere !
Pourquoi n'entrez-vous pas ? Puis-je avoir quelque affaire
Qui me prive un instant du bonheur de vous voir ?

D. FÉLIX.

Vos momens vous sont chers. Votre premier devoir,
Mon fils, est de remplir votre place honorable ;
Et vous en détourner, c'est vous rendre coupable.
Je n'exige de vous qu'un instant de loisir.
Je l'attendrai. S'il vient, nous saurons le saisir.

D. PHILIPPE.

Il ne viendra jamais si nous voulons l'attendre.
Du plaisir que je sens je ne puis me défendre.
Il est si grand, si pur, qu'il doit m'être permis.
Oubliez le ministre, & ne songez qu'au fils.
Dans son poste éclatant il prétend l'être encore ;
Et plus le sort l'éleve, & plus il vous honore.

D. FÉLIX.

Oui, je le reconnois à cet accueil touchant.
Mon cœur, avec transport, se livre à son penchant.
Le ministre & le fils si bien d'accord ensemble,
Me font benir cent fois l'instant qui nous rassemble.

D. PHILIPPE.

Que ce soit pour toujours.

D. FÉLIX.

ET L'INDISCRETTE.

D. FÉLIX.

Que me proposez-vous,
Mon fils ?

D. PHILIPPE.

Ce qui feroit mon bonheur le plus doux.
Demeurez avec moi.

D. FÉLIX.

La chose est impossible.

D. PHILIPPE.

Pourquoi donc ?

D. FÉLIX.

Aux grandeurs je ne suis plus sensible ;
Et mes yeux, autrefois si charmés de la cour,
Ne peuvent soutenir l'éclat d'un si grand jour.
Je chéris ma retraite ; elle fait mes délices :
J'y marche d'un pas sûr, & loin des précipices
Dont les palais des rois sont toujours entourés.
Trop heureux les mortels qui vivent ignorés !
Ne vivant que pour eux, ils jouissent d'eux-mêmes ;
Ils se livrent en paix à ces plaisirs suprèmes
Que le Ciel donne aux cœurs qui bornent leurs desirs ;
Et ce n'est que pour eux que sont les vrais plaisirs.
Tels étoient nos discours, lorsque dans ma retraite
Nous goûtions les douceurs d'une ame satisfaite.
En perdant ce bonheur, vous avez tout perdu.

D. PHILIPPE.

Seigneur, si de mon choix mon sort eût dépendu ;
Je vivrois loin d'ici. Vous savez que le prince
Me tira, malgré moi, du fond de la province,
Lorsque d'une ambassade il voulut m'honorer ;
Que quand elle finit j'allois me retirer ;
Mais qu'un ordre pressant suggéré par mon frere,
Me retint à la cour chargé du ministere.
Je fais tous mes efforts pour remplir cet emploi ;
Servant également & l'état & le roi ;

Mais protestant toujours que ma plus forte envie
Seroit de vous rejoindre, & de passer ma vie
Dans le séjour charmant que vous me retracez.
Loin qu'on ait satisfait mes desirs empressés,
Plus j'ai pour les grandeurs marqué d'indifférence,
Plus j'ai senti du roi croître la confiance.
Mes liens, chaque jour, sont devenus plus forts.
Mon frere, pour les croître, a fait tous ses efforts,
Croyant, par mon crédit, sa fortune plus sûre,
Et son ambition n'ayant plus de mesure ;
Car il aspire à tout ; &, d'instant en instant
Il demande, il obtient : &, loin d'être content,
Voulant toujours monter, il faut qu'un jour il tombe,
Et qu'entraîné par lui, moi-même je succombe.

D. FÉLIX.

Prévenez cette chûte, & suivez-moi, mon fils.

D. PHILIPPE.

Est-il en mon pouvoir de suivre vos avis ?
J'ai prié, j'ai pressé, l'on ne veut point m'entendre.
D'ailleurs, je l'avouerai, j'ai peine à me défendre
Du charme que je goûte à servir un grand roi,
Qui pourroit seul tout faire, & qui fait tout par moi.
Prince plein de bonté, de vertu, de courage,
Discret, sage, prudent à la fleur de son âge,
Captivant les esprits par des attraits vainqueurs,
Et formé par le Ciel pour régner sur les cœurs.
De plus, j'aime l'état. Un homme plus habile,
Par de plus grands talens lui seroit moins utile ;
Et je sens que mon zéle, & ma fidélité
Feront bien plus pour lui, que la dextérité
D'un ministre inquiet, dont le hardi génie
Sacrifieroit l'état à sa vaine manie.
Je borne mes talens à lui donner la paix :
Elle est l'unique objet des efforts que je fais.
Depuis près de dix ans la Castille animée
Oppose à l'Arragon une puissante armée ;

ET L'INDISCRETTE.

La victoire à la fin se déclare pour nous,
Dix mille Arragonois sont tombés sous nos coups.
Leur roi, que sa défaite a rendu plus traitable,
Voudroit s'en relever par une paix durable.
Il la fait demander par son ambassadeur,
Que, depuis quelques jours, j'appuie avec ardeur.
Notre traité s'avance en dépit de mon frere,
A qui, pour sa grandeur, la guerre est nécessaire ;
Mais, dût-il entre nous arriver un éclat,
Je préfere à mon frere, & le prince, & l'état.

D. FÉLIX.

O nobles sentimens, qui m'arrachent des larmes !
L'allégresse à présent succéde à mes alarmes.
Achevez votre ouvrage.

D. PHILIPPE.

     Oui, je l'acheverai ;
Et, content du succès, je ne demanderai
Pour tout prix de mes soins, que de pouvoir vous suivre
Dans l'heureuse retraite où je veux toujours vivre.

D. FÉLIX.

Hé bien, je vous attens.

D. PHILIPPE.

     Mon plus grand embarras
Roule sur un sujet que vous ne savez pas.

D. FÉLIX.

Ne puis-je le savoir ?

D. PHILIPPE.

     J'ai peine à vous le dire.

D. FÉLIX.

Parlez.

D. PHILIPPE.

    J'ai sur l'état une espéce d'empire ;
J'ai fléchi, j'ai gagné mes plus fiers ennemis ;
Mais il est un esprit que je n'ai point soumis.
Moi qui gouverne tout (je vous ouvre mon ame)
Je ne puis parvenir à gouverner ma femme.

Quels seront ses regrets quand il faudra partir!
Et pourrons-nous jamais l'y faire consentir!

D. FÉLIX.

J'espere que mes soins la rendront plus docile.

D. PHILIPPE.

Peut-être y ferez-vous un effort inutile.
Depuis près de trois ans qu'elle vit à la cour,
Elle a pris tant de goût pour ce bruyant séjour,
Qu'elle en perd la raison, & se rend ridicule.
Je tremble à chaque mot que sa bouche articule;
Son indiscrétion va jusques à l'excès;
Et j'en vois chaque jour quelque nouvel accès.
Curieuse, empressée, elle veut tout apprendre;
Et tout ce qu'elle sait elle va le répandre.
Le crédit de mon frere & mon autorité,
Jusqu'à l'extravagance enflent sa vanité.
Avec la sœur du roi, princesse haute & fiere,
Elle ose se montrer & libre & familiere,
Et s'expose souvent à des rebuts fâcheux.
Enfin, si la retraite est l'objet de mes vœux,
Entre nous, elle en est la cause principale.
Mais c'est avec vous seul que mon chagrin s'exhale,
Par combien de motifs dois-je sortir d'ici!

D. FÉLIX.

Je vais voir votre épouse, & tâcher...

D. PHILIPPE.

La voici.
Puissiez-vous la toucher, & la rendre plus sage!

D. FÉLIX.

Je vois que j'entreprens un difficile ouvrage.

D. PHILIPPE.

Faites-y vos efforts; & moi, de mon côté,
Je vais faire les miens pour finir le traité.

SCENE V.

D. FÉLIX, Dona BÉATRIX, Dona CLARICE,
JACINTE, UN PAGE.

Dona BÉATRIX entre,
en se regardant & s'ajustant.

Plus je me considere, & plus je suis contente.
JACINTE.
Madame a bien raison, car Madame est charmante.
Dona BÉATRIX.
Ce n'est pas de beauté que je veux disputer ;
Mais pour l'air de grandeur, j'ose bien m'en flatter.
[*à Dona Clarice.*]
Admirez ce maintien ; imitez-le sans cesse.
N'ai-je pas l'air, le port d'une auguste princesse ?

Dona CLARICE.
Oui, ma tante.
Dona BÉATRIX.
Ma tante ! On vous dit si souvent,
De laisser le jargon & les airs du couvent ;
C'est comme mon mari qui m'appelle sa femme.
Vous aurez la bonté de m'appeller Madame :
Entendez-vous, Clarice ?
Dona CLARICE.
Oui, ma tante, j'entens.
Dona BÉATRIX.
Encore ? A vous former je perdrai donc mon temps ?
Vous étes à la cour, ma chere Demoiselle ;
J'en ai pris les façons : prenez-moi pour modéle.
Dona CLARICE.
Je n'y manquerai pas.

Dona BÉATRIX.

Et vous ferez fort bien.

D. FÉLIX à part.

Sa folie est complette, il n'y manque plus rien.

JACINTE bas à Dona Béatrix.

Madame, j'apperçois, je croi, votre beau-pere.

Dona BÉATRIX à Jacinte.

Comment ? Il est ici ? Bon Dieu ! Qu'y vient-il faire ?
Sa gothique figure y réussira mal.
Un caton à la cour est un triste animal.
Mais il faut cependant lui faire politesse.

[à Dona Clarice.]

Aux gens qu'on hait le plus on fait ici caresse :
Souvenez-vous-en bien ; car c'est là le bon air.

[Elle court au-devant de Dom Félix d'un air de joie
& d'empressement.]

Le Seigneur Dom Félix a quitté son désert ?
A-t-il pû se résoudre à nous faire visite ?
Qu'il soit le bien venu.

D. FÉLIX voulant l'embrasser.

Madame...

Dona BÉATRIX.

Je vous quitte
Pour passer chez l'Infante où je croi qu'il est jour.
Il faut que je me montre, & fasse un peu ma cour.

D. FÉLIX la retenant.

Rien ne presse. Souffrez que je vous entretienne.

Dona BÉATRIX.

Ici j'occupe un rang qu'il faut que je soutienne,
Comme vous jugez bien. J'ai cent mille embarras.
On soupire par tout où l'on ne me voit pas.
On prend peu garde aux gens qui sont sans conséquence.
Pour moi vous concevez quelle est la différence...

D. FÉLIX.

Présumez un peu moins...

Dona BÉATRIX.
            Le rang & la faveur
Me donnent tant d'éclat, que l'on se fait honneur
De mes attentions; & que chacun s'empresse...
Mais avant que je sorte, il est bon que ma nièce
Vous offre ses respects. Comme elle est de mon sang,
Fille de feu mon frere, & d'un assez haut rang
Pour devoir à la cour être considerée,
De son triste couvent nous l'avons retirée
Pour corriger un peu son éducation;
Elle se forme ici sous ma direction.
Ses yeux ne disent rien; c'est ce qui me désole.
        D. FÉLIX à part.
Juste ciel! Quel travers! Elle est encor plus fole
        [à Dona Béatrix.]
Que je ne le croyois. Vous ferez beaucoup mieux
De la cacher ici, que d'exercer ses yeux.
Leur silence sied bien dans un âge si tendre,
Et peut-être trop tôt ils se feront entendre.
        Dona BÉATRIX.
Oh! oh! De la morale! A la cour! Fruit nouveau!
Ce que vous dites-là, je le trouve fort beau.
J'estime la morale, & j'y suis très-sensible.
C'est contre l'insomnie un remede infaillible.
Votre fils tient de vous; car c'est un beau diseur;
Il est grand œconome, & grand moralifeur;
De ses doctes sermons, je pourrai faire usage,
Si je puis quelque jour parvenir à votre âge.
        D. FÉLIX.
Faut-il pour être sage attendre si long-temps?
        Dona BÉATRIX.
Nous quitterons la cour quand j'aurai soixante ans,
Et pour lors...
        D. FÉLIX.
        Croyez-moi, préparez-vous, Madame,
A la quitter plûtôt.

Dona BÉATRIX.
Moi ?

D. FÉLIX.
Mon fils, ni sa femme,
N'y vieilliront pas. Non ; j'ose vous l'assurer.

Dona BÉATRIX.
En êtes-vous bien sûr ?

D. FÉLIX.
Je pourrois en jurer.

Dona BÉATRIX.
Et vous feriez fort mal.

D. FÉLIX.
Et la raison, de grace ?

Dona BÉATRIX.
Je quitterai la cour, lorsque j'en serai lasse :
Et comme je m'y plais, & de plus m'y plairai,
J'y vieillirai si bien, que j'y radoterai.

D. FÉLIX.
O ciel ! Rien ne pourra ?...

Dona BÉATRIX *à Jacinte.*
Mes gens, mon équipage,
Sont-ils prêts ?

JACINTE.
Oui, Madame.

Dona BÉATRIX.
Hé quoi, je n'ai qu'un page ?
Mon écuyer ? Ma suite ?

JACINTE.
On vous attend dehors.

D. FÉLIX.
Puisque sur votre esprit on fait de vains efforts....

Dona BÉATRIX.
Mais vraiment point du tout. Vous parlez à merveille ;
Et moi, je fais toujours tout ce qu'on me conseille

[*à Dona*

ET L'INDISCRETTE.

[*à Dona Clarice.*]

Quand cela me convient. Vous viendrez avec moi,
Et je vous placerai pour voir passer le roi.

D. FÉLIX.

Si mes avis...

Dona BÉATRIX *à Dona Clarice.*

Au moins, soyez vive & brillante.

D. FÉLIX.

Mais...

Dona BÉATRIX.

Seigneur Dom Félix, je suis votre servante,
J'écoute vos avis avec bien du plaisir ;
Mais malheureusement je n'ai pas le loisir
D'y faire attention. Adieu ; le temps me presse ;
Car voici le moment d'entrer chez la princesse :
J'y vais tous les matins, & m'en fais une loi.
Clarice, votre bras. Jacinte, suivez-moi.
Page, prenez ma robe ; & que tout mon cortége
Empêche qu'en sortant la foule ne m'assiége.

SCENE VI.

D. FÉLIX *seul.*

Que mon fils est à plaindre ! Et quelle est ma douleur
De sentir que moi seul j'ai causé son malheur !
C'est moi qui me croyant plus prudent & plus sage
Que ce fils éclairé, conclus son mariage,
Et forçai son respect au triste engagement
Qui faisoit sa fortune, & qui fait son tourment.
Voici Dom Fernand. Ciel ! Donne-moi plus d'empire
Sur cet ambitieux.

Tome VI.   D

SCENE VII.

D. FÉLIX, D. FERNAND.

D. FERNAND *en entrant.*

Souffrez que je respire,
Je vous servirai tous ; n'en doutez nullement :
Mais trouvez-vous ce soir à mon apartement.
[*à Dom Félix.*]
Ah! Seigneur, vous voici ! Je venois avec zéle
Annoncer à mon frere une grande nouvelle
Qui vous concerne.

D. FÉLIX.
Moi ?

D. FERNAND.
Vous-même ; & le prier
De vous faire au plûtôt dépêcher un courier.

D. FÉLIX.
Sur quoi ?

D. FERNAND.
Je viens pour vous d'obtenir une grace ;
Le roi vous a fait grand de la premiere classe.
Votre arrivée ici me comble de plaisir,
Seigneur, & vous avez prévenu mon desir.
Nous irons chez le roi... Mais, de grace, mon pere,
Pourquoi me montrez-vous un visage sévere ?
Je croyois mériter un accueil plus flatteur,
Et vous voir un peu plus sensible à cet honneur.

D. FÉLIX.
Je conviens avec vous que la faveur est grande.
Mais qui vous a chargé d'en faire la demande ?
Seroit-ce Dom Philippe ?

D. FERNAND.
Il ne m'en a rien dit.
D. FÉLIX.
Pourquoi donc sans raison user votre crédit ?
D. FERNAND.
Sans raison ? Quand pour vous je prouve ma tendresse ?
D. FÉLIX.
Hé ! Que sert un grand titre à la haute noblesse ?
Son éclat dépend-il d'un rang si fastueux ?
D. FERNAND.
Il honore vos fils, & se répand sur eux.
D. FÉLIX.
Ah ! Du moins, malgré vous, je vous trouve sincere;
Il s'agissoit bien moins d'honorer votre pere,
Que de donner carriere à votre ambition.
Écueil pernicieux ! Funeste passion !
Votre crédit est grand; mais, mon fils, plus il brille,
Plus je le crains pour vous, & pour votre famille.
En vous toute la cour adore la faveur,
Vous croyez être aimé; mais au moindre malheur,
Cette foule d'amis que le crédit fait naître,
Vous la verrez, mon fils, tout à coup disparoître;
Vous vous trouverez seul; & vos adorateurs
Seront les plus ardens de vos persécuteurs.
Plus vous aurez monté quand vous étiez en place,
Plus ils seront charmés d'abaisser votre audace,
En se dédommageant par mille traits perçans,
D'avoir à vos défauts prodigué leur encens.
D. FERNAND.
Ne vous alarmez point. Je préviendrai la honte
De déscendre jamais des grandeurs où je monte.
De degrés en degrés je saurai me hausser
Jusqu'à faire trembler qui voudra m'abaisser.
C'est l'unique moyen de fixer la fortune.
Monter d'un pied timide est d'une ame commune.

D ij

Quand le bonheur nous guide il faut suivre ses pas;
Et toujours s'élever sans regarder en bas.
A mon ambition la carriere est ouverte:
Je prétens la remplir quand j'y verrois ma perte;
Plus le péril est grand, plus il est glorieux.
La fortune est toujours pour les audacieux.
Mes services d'ailleurs m'ont mérité la gloire
D'être aimé de mon prince; & la grande victoire
Que sur nos ennemis je viens de remporter,
Abat mes envieux, & m'en fait redouter.
Ils se taisent du moins, & sauvent l'apparence.
D. FÉLIX.
D'autant plus dangereux qu'ils gardent le silence.
Votre sécurité leur fait ouvrir les yeux,
Pour saisir le moment de vous surprendre mieux.
A leurs communs efforts vous êtes seul en butte.
Plus haute est la faveur, & plus prompte est la chûte.
D. FERNAND.
Vous ne m'effrayez point; & je sai les moyens
D'arrêter leurs projets & d'avancer les miens.
Mon frere est mon appui. Je le suis de mon frere.
Il fait tout; je puis tout. Quel est le téméraire
Qui se hazarderoit à nous faire tomber?
D. FÉLIX.
Le moindre événement vous fera succomber.
Il ne faut qu'un rapport pour causer votre perte.
D. FERNAND.
Quand tout le genre humain me feroit guerre ouverte,
Je ne tremblerois pas. Rien ne peut m'arrêter.
Et qui veut risquer tout n'a rien à redouter.
D. FÉLIX.
Ton audace est extrême, & te sera funeste.
Tu crois que je l'admire, & mon cœur la déteste;
Reprens le titre vain dont tu m'as revêtu,
Je brûle d'être grand, mais c'est par la vertu.

ET L'INDISCRETTE.

Livre-toi seul au moins à ta folle chimere,
Et permets la retraite à ton vertueux frere.
C'est l'unique faveur que j'exige de toi ;
Et je vais, à genoux, la demander au roi.

SCENE VIII.

D. FERNAND seul.

JE me garderai bien d'appuyer sa foiblesse,
Et de prendre pour guide une froide vieillesse,
Qui ne reconnoît plus la magnanimité,
Et croit voir la vertu dans la timidité.
Non, ne nous livrons point à des frayeurs si vaines,
Le sang des Avalos bouillonne dans mes veines,
Et mon cœur échauffé de ses nobles ardeurs,
Ne peut fixer ses vœux qu'au faîte des grandeurs.

Fin du premier acte.

ACTE II.
SCÈNE PREMIERE.

Dona BÉATRIX, JACINTE.

Dona BÉATRIX.

AIDE-MOI, je te prie, à ranger mes idées.
Avec attention l'on nous a regardées.
Mais je ne puis juger si les regards du roi
S'adressoient à ma niéce, ou s'adressoient à moi.

JACINTE.

Faut-il que je vous flatte, ou que je sois sincere ;
Je suis fille à deux mains, & ne veux que vous plaire.

Dona BÉATRIX.

Je n'exige de toi que la sincérité.

JACINTE.

Je vais donc sans façon dire la vérité.

Dona BÉATRIX.

Je te crois pénétrante, & souvent je remarque
Que ce que tu prédis...

JACINTE.

    Notre jeune monarque
Ne songe point à vous : non, Madame, à coup sûr ;
Mais...

Dona BÉATRIX.

   Vous vous oubliez, & le terme est trop dur.
J'aime la vérité, pourvû qu'on l'adoucisse.

JACINTE.

Oh ! Volontiers. Ma langue est à votre service.

Dona BÉATRIX.

A tout ce que l'on dit il faut donner un tour

ET L'INDISCRETTE.

Qui prouve que l'on sait le jargon de la cour,
Et qu'on peut faire prendre avec délicatesse
Aux traits les plus piquans, un air de politesse.

JACINTE.

Je savois tout cela ; mais Madame m'a dit
De parler franchement.

Dona BÉATRIX.

Quand on a de l'esprit,
On ménage un peu mieux la gloire d'une femme.
Il falloit me répondre... *Il est vrai que Madame*
Devroit charmer le roi ; mais... Ce prélude-là
Eût fait passer le reste. Entendez-vous cela ?
Voilà ce que du monde on appelle l'usage.

JACINTE.

Je n'aurai pas de peine à parler ce langage ;
Car naturellement notre sexe est porté
A ne pas affecter trop de sincérité.

Dona BÉATRIX.

Notre sexe a raison. La sincérité blesse ;
Elle passe à la cour pour une impolitesse,
Pour un manque de monde & d'éducation.
Faites votre profit de cette instruction.

JACINTE.

N'en doutez point, Madame ; & personne, j'espere,
Ne se plaindra jamais que je sois trop sincere.

Dona BÉATRIX.

Il faut l'être avec moi quand je l'exige ainsi ;
Mais d'un certain ton...

JACINTE.

Oui, d'un ton bien radouci.

Dona BÉATRIX.

Qui marque en même temps le respect & la crainte.

JACINTE.

Mais vous-même pourtant vous dites sans contrainte
Tout ce que vous pensez ; même devant le roi.
Dom Philippe s'en plaint.

Dona BÉATRIX.

Me convient-il, à moi,
Dans le rang où je suis, de peser mes paroles ?
Je me tiens au-dessus de ces égards frivoles ;
Ils conviennent aux gens qui veulent s'avancer ;
Moi, je puis dire tout sans m'en embarrasser.

JACINTE.

J'en conviens ; & d'ailleurs votre crédit augmente
A chaque instant.

Dona BÉATRIX.
Comment ?

JACINTE.
Votre niéce est charmante,
Et ses attraits naissans vont faire du fracas,
Je vous en avertis. Je sai que vos appas
Sont cent fois plus piquans que ceux de votre niéce,
Dont le plus grand mérite est un air de jeunesse,
De candeur, d'innocence, & de naiveté ;
Au lieu que vous avez un air de majesté,
Et que vous possédez ces graces délicates...

Dona BÉATRIX.
Courage, mon enfant ; je sens que tu me flattes ;
Mais tu me fais plaisir.

JACINTE.
En un mot, vos attraits
Doivent lancer par tout d'inévitables traits ;
Mais...

Dona BÉATRIX.
Achéve.

JACINTE.
Du roi l'ame préoccupée
Penche pour votre niéce, ou je suis fort trompée.

Dona BÉATRIX.
A te dire le vrai, j'en ai quelque soupçon ;
Et quand il m'aimeroit, comme j'aurois raison
D'y prétendre, Jacinte ; après tout, ma victoire

N'auroit point d'autre effet que de flatter ma gloire:
Et quoiqu'il soit charmant, son rang ni son pouvoir
Ne me feroient jamais manquer à mon devoir.
Pour ma niéce, elle est fille, & d'illustre naissance,
Et pourroit concevoir une haute espérance.

JACINTE.

Si j'osois m'expliquer... je vous surprendrois bien;
Mais vous me permettrez de ne vous dire rien.

Dona BÉATRIX.

Quoi ? Tu sais quelque chose, & tu m'en fais mystere ?

JACINTE.

C'est que d'un grand secret je suis dépositaire;
Mais on m'a défendu de vous le révéler,
Parce qu'on vous connoît un peu prompte à parler.

Dona BÉATRIX.

Moi, Jacinte ?

JACINTE.

Oui, Madame : & j'en suis très-fâchée.
Vous savez à quel point je vous suis attachée;
Ce défaut me désole, & je souffre, à mourir,
De savoir un secret, sans vous le découvrir.

Dona BÉATRIX.

Je te promets, Jacinte, un présent magnifique,
Si tu veux me le dire.

JACINTE.

Avant que je m'explique,
Jurez-moi, s'il vous plaît, bien haut, bien clairement,
Que vous saurez vous taire.

Dona BÉATRIX.

Oui, je t'en fais serment.

JACINTE.

Sur tout à Dom Fernand gardez-vous d'en rien dire;
Car il craint que par vous le secret ne transpire;
Et vous me perdriez dans son esprit.

Dona BÉATRIX.
Suffit.
Compte que j'oublierai ce que tu m'auras dit.
JACINTE.
Je crains fort...
Dona BÉATRIX.
Non, crois-moi, quand je veux, je suis fine,
Adroite, impénétrable ; & quoiqu'on s'imagine...
JACINTE.
Je compte donc sur vous, & sur votre présent.
[*Elle fait la révérence.*]
Dona BÉATRIX.
Oui, tu peux y compter : viens au fait à présent.
JACINTE.
M'y voici. Vos soupçons sont bien fondés, Madame,
Le roi sent pour Clarice une si vive flamme,
Qu'il en perd le repos, & que de son amour
On le voit maintenant occupé nuit & jour.
Dom Fernand entretient cette flamme naissante ;
Et de Dom Fernand, moi, je suis la confidente.
Je porte la parole & les tendres écrits
Du monarque amoureux, qui paroît bien épris.
Dona BÉATRIX.
O ciel ! A quel dessein recherche-t-il ma niéce ?
JACINTE.
Comme s'il recherchoit une grande princesse.
Il n'est rien où vos vœux ne puissent aspirer.
Dona BÉATRIX.
Quelle heureuse nouvelle ! Ah ! Je vais expirer
Si l'on veut me contraindre à renfermer ma joie.
Souffre qu'à mes amis mon transport se déploie.
Eh ! Comment leur cacher un secret si charmant ?
JACINTE *se jettant à ses pieds.*
Madame, au nom du ciel, gardez votre serment.
Vous devenez parjure en rompant le silence.

ET L'INDISCRETTE.

Dona BÉATRIX.
Hé bien!... Il faudra donc me faire violence.
Ah! Quel plaisir j'aurois si j'osois m'exhaler!
Pour garder ton secret il n'en faut plus parler.

JACINTE.
Non, Madame. Traitons un point qui m'inquiéte.

Dona BÉATRIX.
Et quel point?

JACINTE.
Votre époux songe à faire retraite;
Il veut quitter la cour.

Dona BÉATRIX.
Ce n'est pas d'aujourd'hui.

JACINTE.
Mais son pere prétend l'emmener avec lui;
Je vous en avertis.

Dona BÉATRIX.
O ciel! Sur cette affaire
Il faut que j'entretienne au plûtôt mon beau-frere.
Va le voir de ma part, & dis-lui doucement
Qu'il vienne à mon secours dès ce même moment.

JACINTE.
J'y cours. Mais avec lui soyez très-circonspecte.

Dona BÉATRIX.
Va, tu t'apercevras combien je suis secrette.

SCENE II.

Dona BÉATRIX seule.

Clarice jusqu'ici m'a caché son bonheur.
Mais elle vient. Il faut que je sonde son cœur;
Elle est simple, ingénue, & de son innocence
J'attens de son secret l'entiere confidence.

SCENE III.

Dona BÉATRIX, Dona CLARICE.

Dona BÉATRIX.

Qui cherchez-vous, ma niéce ?

Dona CLARICE.

Hélas ! Je n'en sai rien.

Dona BÉATRIX.

Vous paroissez rêveuse.

Dona CLARICE.

Oui, je le suis.

Dona BÉATRIX.

Fort bien.
Mais à quoi rêvez-vous ?

Dona CLARICE.

Je rêve à quelque chose
Qui me fait soupirer.

Dona BÉATRIX.

Puis-je en savoir la cause ;
Mon enfant ?

Dona CLARICE.

Non, ma tante ; on ne dit point cela.

Dona BÉATRIX.

Ouvrez-moi votre cœur.

Dona CLARICE.

Nous n'en sommes pas là.
Quand il en sera temps, vous saurez ma pensée.

Dona BÉATRIX.

Oh, oh ! Pour un enfant vous êtes avancée.
Vous savez, quand il faut, ou vous taire, ou parler ?

Dona CLARICE.

Mais... J'étudie un peu l'art de dissimuler ;

ET L'INDISCRETTE.

Car on dit qu'à la cour cet art est nécessaire,
Et qu'on n'y brille pas, quand on est trop sincere.
Dona BÉATRIX.
Comment donc ? De l'esprit ? De la réflexion ?
Je vous connoissois mal. A quelle occasion
Me dites-vous cela ? Vous étiez si naïve :
Vous lassez-vous de l'être ?
Dona CLARICE.
     Oui. Par ce qui m'arrive,
Je vois qu'il faut ici cacher ses sentimens,
Etre contre soi-même en garde à tous momens,
Écouter sans rien croire, & parler sans rien dire.
Dona BÉATRIX.
Vous soupirez, je pense ?
Dona CLARICE.
    Hélas ! Oui, je soupire,
Et j'en ai bien sujet.
Dona BÉATRIX.
    Ce langoureux propos
Marque que votre cœur n'est pas trop en repos.
Ce trouble a sûrement quelque cause secrette :
Allons, dites-la-moi ; car je suis très-discrette.
Dona CLARICE.
Ma tante, on dit que non.
Dona BÉATRIX.
    Belle ingénuité !
Dona CLARICE.
Excusez, si je parle avec sincérité.
Dona BÉATRIX.
Brisons sur ce sujet. Qu'est-ce qui vous tourmente ?
Il faut me l'avouer.
Dona CLARICE.
  Je n'oserois, ma tante.
Dona BÉATRIX.
Comment vous n'oseriez ? Oh bien ! Je prétens, moi,
Que vous l'osiez.

Dona CLARICE.
         Je sai tout ce que je vous doi.
Mais peut-être irez-vous révéler ma pensée.
J'en mourrois de dépit.
Dona BÉATRIX.
         Non, je suis trop sensée.
Je sai ce qu'il faut dire, & ce qu'il faut cacher.
Parlez à cœur ouvert.
Dona CLARICE.
         Hé bien, j'y vais tâcher.
Mais interrogez-moi, je ferai moins honteuse.
Dona BÉATRIX.
Toutes ces façons-là me rendent curieuse.
Connoissez-vous quelqu'un que vous aimiez à voir?
Qui touche votre cœur ? Qui sache l'émouvoir ?
Dona CLARICE *en soupirant.*
Oui, ma tante.
Dona BÉATRIX.
         Fort bien. Et ce quelqu'un, ma niéce,
Est-il digne de vous, & de votre tendresse ?
Dona CLARICE.
Il feroit mon bonheur, si je faisois le sien ;
Mais j'ai cru qu'il m'aimoit, & je n'en croi plus rien.
Dona BÉATRIX.
Vous vous trompez, Clarice, il vous est très fidéle.
Dona CLARICE.
Vous vous trompez vous-même. Il me trouvoit si belle !
J'en étois si flattée ! Et quelle est ma douleur
De voir que l'inconstant m'a dérobé son cœur !
Heureusement pour moi j'ai sû, malgré moi-même,
Jusques à cet instant lui cacher que je l'aime :
Non, il n'en saura rien, & j'en ai fait serment.
Dona BÉATRIX.
Vous avez tort.
Dona CLARICE.
Pourquoi ?

####### Dona BÉATRIX.

J'apprens dans ce moment
Que son cœur tout à vous brûle d'avoir le vôtre.

####### Dona CLARICE.

S'il m'aimoit, pourroit-il me parler pour un autre ?

####### Dona BÉATRIX.

Pour un autre !

####### Dona CLARICE.

Oui. L'ingrat veut que j'aime le roi ;
Il m'en parle à toute heure. Eh ! Dépend-il de moi
D'aimer, de n'aimer plus ? Je le croyois sincere ;
Mais c'est pour me tromper qu'il a voulu me plaire.

####### Dona BÉATRIX.

Je ne vous entens plus. Quel est cet inconstant
Qui parle pour un autre, & que vous aimez tant ?

####### Dona CLARICE.

Eh mais... C'est Dom Fernand.

####### Dona BÉATRIX.

Dom Fernand ! Ciel ! Qu'entens-je !
Vous me faites ici l'aveu le plus étrange
Que l'on ait jamais fait.

####### Dona CLARICE.

Et pourquoi, s'il vous plaît ?
Dom Fernand est aimable.

####### Dona BÉATRIX.

Oui, je conviens qu'il l'est.
Mais je sai que le roi vous aime, vous adore,
Et comment Dom Fernand peut-il vous plaire encore ?

####### Dona CLARICE.

Il me plaira toujours.

####### Dona BÉATRIX.

Je vous garantis, moi,
Qu'il ne vous plaira plus ; & je veux que le roi
Occupe tout entier ce petit cœur bizarre,
Qui, sans me consulter, s'abandonne & s'égare

L'AMBITIEUX,

Jusqu'à vouloir au roi préférer Dom Fernand.
Le plaisant héroïsme ! Ah ! C'est bien maintenant...
Je mourrois de douleur, s'il savoit la foiblesse
Que vous avez pour lui. Combattez-la sans cesse,
Et prenez soin, sur-tout, de la lui bien cacher.
Il vient ; contraignez-vous.

SCENE IV.

D. FERNAND, Dona BÉATRIX, Dona CLARICE.

Dona BÉATRIX à D. Fernand.

Vous veniez me chercher,
Sans doute ?

D. FERNAND.

Oui, Madame ; & j'apprens par Jacinte...

Dona BÉATRIX.

Je suis dans des frayeurs...

D. FERNAND.

Bannissez toute crainte,
Dom Philippe & mon pere ont fort pressé le roi,
Heureusement pour nous, il n'écoute que moi.
Ils ont fait l'un & l'autre une démarche vaine ;
Mon frere restera, soyez-en bien certaine.

Dona BÉATRIX.

Que vous me ravissez !

D. FERNAND bas à Clarice.

Ne pourrois-je un moment
Vous parler en secret ?

Dona BÉATRIX à D. Fernand.

Quoi, sérieusement ?

Dom

ET L'INDISCRETTE.

Dom Philippe demande à sortir de sa place ?

D. FERNAND.

Oui, Madame.

Dona BÉATRIX.

Le lâche !

D. FERNAND.

Il n'est rien qu'il ne fasse
Pour en venir à bout ; mais il n'obtiendra rien.
[*bas à Clarice.*]
Le roi veut avec vous avoir un entretien.

Dona BÉATRIX *à D. Fernand.*

Que lui dites-vous là ?

D. FERNAND.

Moi ? Rien. Je me retire.

Dona BÉATRIX.

Je voi que vous avez quelque chose à lui dire.

D. FERNAND.

Nullement ; je venois pour vous calmer l'esprit.
Vous voilà rassurée, & cela me suffit.

Dona BÉATRIX.

Non, Seigneur, vous aviez ici quelqu'autre affaire.

D. FERNAND.

Sur quoi le croyez-vous ?

Dona BÉATRIX.

Mon Dieu, que de mystere !
Vous venez pour Clarice, & je sai le sujet
Qui vous améne. En vain vous faites le discret.

D. FERNAND.

Madame, je ne sai ce que vous voulez dire.

Dona BÉATRIX.

Vous croyez m'imposer, & c'est ce que j'admire ;
Mais sachez qu'il n'est rien qui me puisse échapper,
Et qu'on est bien adroit quand on peut me tromper.

D. FERNAND *à Dona Clarice.*

Vous avez donc parlé ?

Tome VI. E

Dona BÉATRIX.

Point du tout. C'est Jacinte;
Elle m'a mise au fait : ainsi plus de contrainte.
Tenons ici conseil, & prenez mes avis ;
Tout n'en ira que mieux quand ils seront suivis.
Vous voilà consterné !

D. FERNAND.

J'ai bien sujet de l'être.

Dona BÉATRIX.

Pourquoi ?

D. FERNAND.

Vous me perdrez dans l'esprit de mon maître,
Si vous dites un mot avant qu'il en soit temps.

Dona BÉATRIX.

Seigneur, je sai garder des secrets importans :
Je pourrois m'échapper sur quelque bagatelle.
Pour cette affaire-ci, si quelqu'un la révéle,
Ce ne sera pas moi ; n'ayez plus de frayeur.

D. FERNAND.

Madame, songez-y ; votre propre bonheur
Va dépendre de vous.

Dona BÉATRIX.

Vous verrez ma prudente;
Mettez-moi hardiment dans votre confidence.

D. FERNAND.

Puisque vous savez tout, je me tairois en vain.
Sûr de ce que je puis, je forme un grand dessein
Pour Clarice. Je sais à quel point le roi l'aime :
On peut tout espérer de son ardeur extrême ;
Mais, pour hâter l'effet de cette passion,
Il faut parler, agir avec précaution,
Prévenir tout obstacle, & disposer mon frere ;
Car c'est lui que je crains.

Dona BÉATRIX.

Il nous seroit contraire;

ET L'INDISCRETTE.

D. FERNAND.
Peut-être. Je connois sa façon de penser.
Dona BÉATRIX.
Il nous secondera, loin de nous traverser,
J'en répons. Pour Clarice, elle est sous ma tutelle ;
Elle doit m'obéir : je répons aussi d'elle.
Dona CLARICE *à D. Fernand.*
Où me conduisez-vous ?
D. FERNAND.
Au comble des grandeurs :
Le sort va sur nous tous épuiser ses faveurs.
N'allez pas vous piquer d'une vaine prudence.
Dona BÉATRIX.
Quoi, vous la soupçonnez de cette extravagance ?
D. FERNAND.
Quand la fortune s'offre, on doit en profiter,
Et, tant qu'elle nous porte, il faut toujours monter.
Dona BÉATRIX *avec transport.*
Je vole, je m'éleve, & je suis dans les nues.

[*à Dona Clarice.*]

Jusques au firmament nous voilà parvenues,
Mon enfant. Quel éclat ! Je sens en ce moment
Une espéce d'extase & de ravissement.
Mais animez-vous donc, & paroissez sensible
A cet essor brillant...
Dona CLARICE.
Cela m'est impossible.
Dona BÉATRIX.
Et par quelle raison ?
Dona CLARICE.
C'est que ce que j'apprens
Ne m'émeut point du tout.
Dona BÉATRIX.
Ces airs indifférens

E ij

Vous conviennent fort bien ! Comment, le roi vous aime,
Et vous…

D. FERNAND.
Parlez plus bas.

Dona BÉATRIX.
Je suis hors de moi-même,
[*parlant d'un ton encore plus élevé.*]
On veut la faire reine ; &…

D. FERNAND.
L'on vous entendra,
Oubliez ce projet.

Dona BÉATRIX.
Hé bien, on l'oubliera.
Mais vous ne sentez pas jusqu'où va sa folie,
Ni quel est le sujet de sa mélancolie :
C'est qu'elle a dans le cœur une inclination,
Et se pique déja de belle passion.

D. FERNAND *à Dona Clarice.*
Vous, Madame ?

Dona CLARICE *à Dona Béatrix.*
Ma tante, épargnez-moi, de grace.

Dona BÉATRIX.
Non, non, dans votre cœur je vois ce qui se passe.

Dona CLARICE.
Il ne s'y passe rien.

Dona BÉATRIX.
Vous dépendez de moi.

Dona CLARICE.
Oui, ma tante.

Dona BÉATRIX.
Et je veux que vous aimiez le roi…
Et non pas Dom Fernand.

D. FERNAND *à Dona Béatrix.*
Qui peut vous faire croire
Qu'elle m'aime ?

Dona BÉATRIX.
Eh! Seigneur, je sai toute l'histoire.
D. FERNAND.
Par qui?

Dona BÉATRIX.
Par elle-même; & très-distinctement
Elle s'est plainte à moi du peu d'empressement
Que depuis quelques jours vous témoigniez pour elle;
Tandis que pour le roi vous aviez tant de zéle.
Que vous dirai-je, enfin? Un prince, auprès de vous,
Lui paroît méprisable.
D. FERNAND *à part.*
O triomphe trop doux!
[*à Dona Clarice.*]
Me dit-on vrai, Madame?
Dona CLARICE *à part.*
Hélas!
Dona BÉATRIX.
Elle soupire;
Et vous entendez bien ce que cela veut dire.
D. FERNAND *à part.*
Je ne l'entens que trop. Que je serois heureux,
Si l'amour pouvoit seul contenter tous mes vœux!
] *à Dona Clarice.*]
Madame, je n'ai point la vanité de croire
Que vous veuilliez pour moi renoncer à la gloire
Où vos divins appas peuvent vous élever.
Quand l'amour le voudroit, il faudroit le braver.
Songez qu'un roi vous aime: un roi, dont la tendresse
Auroit de quoi charmer la plus grande princesse:
Sa personne, son rang, tout vous parle pour lui.
Dona BÉATRIX.
Et moi, je parle aussi. Je prétens qu'aujourd'hui
Vous brilliez à ses yeux, & lui fassiez connoître
Qu'il est autant aimé qu'il mérite de l'être.

L'AMBITIEUX,

Venez, belle indolente. Avant de vous montrer,
Des plus riches atours, je m'en vais vous parer.

[*Dona Clarice, en sortant, jette un regard triste & tendre sur Dom Fernand.*]

SCENE V.

D. FERNAND *seul.*

Où suis-je ? Vous m'aimez, adorable Clarice ;
Mais en comblant mes vœux vous faites mon supplice.
Je croyois aimer seul ; & sur ma passion
Je donnois la victoire à mon ambition,
Et l'amour, par l'aveu qu'il me force de croire,
Veut sur l'ambition remporter la victoire ;
Il le veut. Mais en vain il ose le tenter,
Et, quoiqu'il m'ait surpris, il ne peut me domter.
Est-ce à moi de sentir & ses feux & ses flammes ?
L'amour ne doit régner que sur de foibles ames ;
Et la mienne est d'un ordre, & trop noble, & trop grand,
Pour se soumettre aux loix d'un si lâche tyran.
O noble ambition ! Tu seras la plus forte ;
Et sur tous mes desirs ton intérêt l'emporte.
C'est mon plus cher objet, c'est mon unique loi,
Et toute autre foiblesse est indigne de moi.

SCENE VI.

D. PHILIPPE, D. FERNAND.

D. FERNAND.

Vous venez à propos. J'allois chez vous, mon frere.
D. PHILIPPE.
J'allois chez vous auſſi. Car il eſt néceſſaire
Que nous ayons enſemble un entretien ſecret.
Mon pere vous a dit...
D. FERNAND.
Briſons ſur ce ſujet.
Je viens vous propoſer deux projets magnifiques;
Dignes d'être admirés des plus grands politiques.
Aux poſtes éclatans c'eſt peu de parvenir,
Mon frere; le grand art eſt de s'y maintenir.
Comment s'y maintient on ? Par des appuis durables;
Or, j'en voi deux pour nous qui ſont inébranlables,
Et dont je me tiens ſûr pour peu que vous m'aidiez.
Le voulez-vous ?
D. PHILIPPE.
J'attens que vous vous expliquiez :
Et ſi votre projet n'eſt point une chimere...
D. FERNAND.
Moi chimérique ? Moi ?
D. PHILIPPE.
Paſſons, paſſons, mon frere.
Je me défie un peu de votre ambition.
Mais nous n'entrerons point en explication.
Venez au fait.
D. FERNAND.
J'y viens. Mais trève de ſageſſe;
Moins de raiſonnement, & plus de hardieſſe.

L'AMBITIEUX,

Nous gouvernons tous deux. Quoique nous hazardions,
Nous pouvons tout, pourvû que nous nous entendions.

D. PHILIPPE.
Voyons.

D. FERNAND.
Vous en ferez bien-tôt l'expérience.
Je médite, mon frere, une double alliance.
La premiere, pour vous; la seconde, pour moi.
Je serai le beau-frere; & vous, l'oncle du roi.
Vous paroissez surpris?

D. PHILIPPE.
Ce que je viens d'entendre,
Avouez-le vous-même, a lieu de me surprendre.
Moi, l'oncle de mon maître? Et vous, son beau-frere?

D. FERNAND.
Oui.

D. PHILIPPE.
Vous avez pû former ce projet inoüi?

D. FERNAND.
Pourquoi non?

D. PHILIPPE.
Pourquoi non? La question est belle!
Mon frere, savez-vous comment cela s'appelle?

D. FERNAND.
Un projet noble & grand.

D. PHILIPPE.
Un projet insensé;
Auquel un bon esprit n'auroit jamais pensé.

D. FERNAND.
Et si je vous prouvois que rien n'est plus facile?

D. PHILIPPE.
Si vous me le prouviez, vous seriez bien habile.

D. FERNAND.
Nous reviendrons à vous. Parlons de moi d'abord.
Vous savez qu'aujourd'hui le connétable est mort.

D. PHILIPPE,

ET L'INDISCRETTE.

D. PHILIPPE.
Cette perte ne peut être assez déplorée
Par le roi, par l'état...

D. FERNAND.
La perte est réparée :
J'ai demandé la charge ; & j'en suis revêtu.

D. PHILIPPE.
A votre âge ? Bon Dieu !

D. FERNAND.
L'âge, c'est la vertu,
Le courage ; & non pas le nombre des années.

D. PHILIPPE.
Mais...

D. FERNAND.
Les possessions que le roi m'a données,
Formeront désormais une principauté
Que je fais ériger en souveraineté.
Me voilà prince, enfin ; & l'éclat dont je brille,
Raprochera de moi l'Infante de Castille.

D. PHILIPPE.
Elle ? Connoissez-vous sa fierté, sa hauteur ?

D. FERNAND.
Oui : mais l'amour peut tout, & parle en ma faveur.
Vous ne m'en croyez pas ; mais croyez-en l'Infante ;
Ou plûtôt ce billet, qu'écrit sa confidente.
[*Il lui présente une lettre.*]

D. PHILIPPE *lit*.
J'avois fait jusqu'ici des efforts superflus
Pour vous prouver mon zéle extrême :
Enfin, j'ai réussi ; la princesse vous aime.
L'orgueil combat encor ; mais ne le craignez plus.

D. FERNAND.
Vous êtes étonné ? Suis-je si chimérique ?
Sur ce qui vous regarde, il faut que je m'explique
A présent. Vous savez que dès le premier jour
Votre niéce Clarice a fait bruit à la cour ;

Tome VI.   F

Que sa rare beauté frappe, saisit, enchante ;
Que sa taille est divine, & sa voix ravissante ;
Que ses yeux...

D. PHILIPPE.

Ils sont beaux ; mais demeurons-en là,
Et que concluez-vous enfin de tout cela ?

D. FERNAND.

Que le roi l'aime.

D. PHILIPPE.

Ensuite ?

D. FERNAND.

Et qu'en un mot j'espere
La lui faire épouser.

D. PHILIPPE.

Est-ce tout ?

D. FERNAND.

Oui.

D. PHILIPPE.

Mon frere,
Je répons en trois mots ; & quoique très-concis,
Mon discours sûrement sera clair & précis.

D. FERNAND.

J'écoute.

D. PHILIPPE.

Votre idée à l'égard de l'Infante
Est plus que téméraire, elle est extravagante.

D. FERNAND.

Mon frere!...

D. PHILIPPE.

Je l'ai dit, je ne m'en dédis point,
Quoi qu'il puisse arriver. Et quant au second point,
Ma réponse sera pour le moins aussi nette.
Un roi ne doit jamais épouser sa sujette,
De quelque illustre sang qu'elle puisse sortir.
L'intérêt de l'état n'y sauroit consentir.

ET L'INDISCRETTE.

Comme cet intérêt m'est plus cher que ma vie,
Je souffrirai plûtôt qu'elle me soit ravie,
Que de porter mon prince à se déshonorer.

D. FERNAND.

Quoi donc ? Contre vous-même ainsi vous déclarer ?
Clarice est votre niéce.

D. PHILIPPE.

    Et fût-elle ma fille,
Dois-je sacrifier mon maître à ma famille ?
Non, il n'en sera rien. Vous me pressez en vain,
Et je veux prévenir ce funeste dessein.
D'ailleurs, vous, qui croyez être un grand politique,
Nous immolerez-vous à la haine publique ?
Car vous risquez ici plus que vous ne pensez ;
Et nous sommes perdus, si vous réussissez.

D. FERNAND.

Quelle indigne frayeur ! Un mot va vous confondre.
Je suivrai mes desseins, & j'ose vous répondre
Qu'ils auront le succès que je m'en suis promis,
Dûssions-nous, vous & moi, devenir ennemis.
Qu'un héroïsme vain cesse de vous séduire.
Vous êtes mon ouvrage, & je puis le détruire.
Adieu, songez-y bien.

SCENE VII.

D. PHILIPPE *seul.*

Tu crois m'intimider ;
Mais pour te traverser je vais tout hazarder.
Je veux rendre à l'état cet important service
En dépit...

SCENE VIII.

D. PHILIPPE, D. LOUIS.

D. PHILIPPE.

AH ! Seigneur, une étoile propice
Vous améne vers moi. Vous ne pouviez jamais
Me trouver plus d'ardeur à conclure la paix.
Pour la mieux cimenter, & couronner l'ouvrage,
Je reviens au projet du double mariage,
Si le roi d'Arragon y pense absolument.

D. LOUIS.

Oui. Mon instruction m'ordonne expressément
De demander pour lui l'Infante de Castille.
Pour la sœur de mon maître, elle a chargé ma fille
De tous ses intérêts. L'Infante d'Arragon
Lui donne plein pouvoir de traiter en son nom ;
Pouvoir autorisé, confirmé par son frere.

D. PHILIPPE.

Par quel motif ?

D. LOUIS.

Il sait qu'elle a l'ame trop fiere,
Le cœur trop délicat, pour accepter un roi,
A qui l'intérêt seul engageroit sa foi ;
Et que pour l'épouser il faudra qu'elle l'aime.
C'est ma fille, Seigneur, comme une autre elle-même,
Qui seule a le pouvoir de la déterminer
A refuser sa main, ou bien à la donner.
N'en soyez point surpris. De notre aimable Infante,
Ma fille fut toujours l'unique confidente,
Le plus intime amie ; ainsi sa volonté
Va nous faire signer ou rompre le traité.

D. PHILIPPE.

Une telle puissance est rare & merveilleuse;
Et rend mon entreprise incertaine, épineuse.

D. LOUIS.

Moi, j'ose en espérer un très-heureux effet.
Ma fille vous attend dans votre cabinet
Pour traiter avec vous; mais ne veut rien conclure
Sur le roi votre maître, avant que d'être sûre
Qu'il ressemble au portrait qu'on en fait en tous lieux.

D. PHILIPPE.

C'est un prince accompli. Ses augustes ayeux
N'ont rien fait de si grand, qu'il n'efface ou n'égale

D. LOUIS.

Je le sai. Mais, Seigneur, on craint qu'une rivale
N'ait déja prévenu son inclination.
Nous connoissons l'Infante. Elle a l'ambition
De plaire uniquement à l'époux qu'on lui donne,
Et souhaite son cœur bien plus que sa couronne.

D. PHILIPPE.

Elle aura l'un & l'autre; & je les lui promets.
Entrons pour discuter nos divers intérêts:
Et de mon cabinet nous irons chez mon maître,
Afin que votre fille ait le temps de connoître
Qu'il est digne des vœux de la sœur d'un grand roi;
Et que tout l'univers doit penser comme moi.

Fin du second acte.

ACTE III.
SCENE PREMIERE.

L'INFANTE, D. LOUIS.

D. LOUIS.

Pourquoi si brusquement rompre la conférence,
Madame, où fuyez-vous?

L'INFANTE.

Seigneur, la déférence,
Le respect, que pour moi vous faites éclater,
Trahit notre secret : & je dois éviter
Un ministre éclairé, prêt à me reconnoître.

D. LOUIS.

Hé qu'importe? Le roi, votre frere & mon maître,
Madame, m'a permis de lui tout déclarer,
Si dans nos intérêts je pouvois l'attirer.
Je viens de me convaincre, & vous voyez vous-même
Qu'il veut les embrasser avec un zéle extrême;
Et je puis maintenant, avec juste raison,
Lui découvrir en vous l'Infante d'Arragon.

L'INFANTE.

Me déclarer si-tôt à la cour de Castille?

D. LOUIS.

Pour tout autre que lui, soyez encor ma fille,
Dom Philippe est discret, & sa rare vertu...

L'INFANTE.

Cruelle politique! A quoi m'engages-tu?
Où m'as-tu fait venir?

ET L'INDISCRETTE.

D. LOUIS.
Dans nos tristes alarmes
Notre unique ressource est celle de vos charmes,
Ils feront plus pour nous que mes efforts pressans.
Mon maître s'est flatté qu'ils seroient tout puissans,
Et qu'un jeune monarque y devenant sensible,
Sur l'accord proposé seroit moins inflexible.
C'est moi qui suggérai ce projet hazardé :
Le besoin l'exigeoit, il a persuadé.
Ne nous condamnez point ; par un sort trop funeste,
Votre secours, Princesse, est le seul qui nous reste.
Si vous nous en privez, votre frere périt.
Faites agir pour lui tant d'attraits, tant d'esprit,
Dont le ciel bienfaisant orna votre naissance.
Quelquefois le péril fait taire la prudence.

L'INFANTE.
Je ne le vois que trop. Mais il faut, tôt ou tard,
Qu'on sache qui je suis, & je cours le hazard
De me voir en ces lieux injustement blâmée.

D. LOUIS.
De ce scrupule vain cessez d'être alarmée.
Nous prendrons tout sur nous pour vous justifier,
Quand le traité conclu pourra se publier.
Mais cachez pour un temps le besoin qui nous presse.
Si vous vous déclarez, dites toujours, Princesse,
Que vous avez risqué de venir en ces lieux
Pour connoitre le roi, pour le voir de vos yeux,
Pour l'épouser par choix, & non par politique.
Ce discours spécieux tiendra de l'héroïque,
Je connois cette cour, il y réussira ;
Et, loin de vous blâmer, on vous admirera.

F iiij

SCENE II.

L'INFANTE, D. PHILIPPE, D. LOUIS.

D. PHILIPPE *à l'Infante.*
Vous me fuyez en vain. Toute votre prudence
Ne sauroit me cacher votre illustre naissance.
Cent traits marqués, cet air, & si noble & si grand,
M'informent, malgré vous, de votre auguste rang.
D. LOUIS.
Oui, Seigneur, vous voyez une jeune princesse;
Pour qui le roi son frere a porté sa tendresse
Jusques à consentir, après de longs refus,
Que les soupirs, les pleurs ont rendu superflus;
Qu'elle vînt avec moi sous le nom de ma fille,
Demeurer quelques jours à la cour de Castille.
Ce mystere est nouveau, mais si bien concerté,
Que jusques à présent il n'a point éclaté.
L'INFANTE *à D. Philippe.*
D'avance, vous savez le motif qui m'engage
A ce pas délicat. Par un barbare usage,
Des filles de mon rang on oblige la foi,
Sans consulter leur cœur. A cette dure loi
J'ai voulu me soustraire, en jugeant par moi-même
Si le roi votre maître est digne que je l'aime,
Craignant de m'abuser sur les rapports flatteurs
Qui nous viennent souvent par nos ambassadeurs.
D. PHILIPPE.
Ce projet me surprend, mais il est héroïque;
J'y vois, de vos vertus, une preuve autentique:
Et, vouloir que la main soit un présent du cœur,
C'est chercher dans l'hymen le souverain bonheur.

ET L'INDISCRETTE.

Princesse, en m'honorant de votre confiance,
De ma discrétion faites l'expérience.
L'intérêt de l'état à mes soins confié,
Se trouve avec le vôtre étroitement lié.
J'ose vous l'avouer avec cette franchise,
Qui d'abord sembleroit ne m'être pas permise,
Mais que je croi devoir à votre illustre sang.
Je vous aiderai même à cacher votre rang,
Mais sans porter trop loin votre délicatesse,
Qui promet à mon maître une extrême tendresse...

SCENE III.

L'INFANTE, D. PHILIPPE, D. LOUIS,
Dona BÉATRIX, JACINTE.

Dona BÉATRIX *à Jacinte.*

Qu'à mes ordres, Jacinte, on fasse attention,
Vîte, dépêchez-vous.

SCENE IV.

L'INFANTE, D. PHILIPPE, D. LOUIS,
Dona BÉATRIX.

D. PHILIPPE *à Dona Béatrix.*

Quelle indiscrétion !
Quoi ! Ne voyez-vous pas ?...
    Dona BÉATRIX.
        J'appelle tout le monde,
Je vais, je viens, je cours, & nul ne me seconde.

Je n'en puis plus. Mon soin met tout en mouvement;
Et vous, vous demeurez ici tranquillement.

D. PHILIPPE.
Mais devant Dom Louis soyez moins turbulente.

Dona BÉATRIX à D. Louis.
Ah! Pardonnez, Seigneur; une affaire importante
M'occupe tellement, que je ne pensois pas...
[à l'Infante.]
Et vous aussi, Madame, excusez l'embarras...

L'INFANTE.
Ah! Madame...

Dona BÉATRIX.
En courant, souffrez qu'on vous embrasse.

L'INFANTE.
Vous me faites honneur.

Dona BÉATRIX à D. Philippe.
Vous êtes tout de glace;
Quand il faut...

D. PHILIPPE.
Eh! Cessez...

Dona BÉATRIX à l'Infante.
Demain j'irai vous voir,
Et je veux avec vous causer jusques au soir.
Je ne puis maintenant vous dire une parole;
Je suis dans une joie!... Oh! J'en deviendrai folle.

D. PHILIPPE à Dona Béatrix.
Mais quel est le sujet de ce bruyant transport?

Dona BÉATRIX.
Vous ne le savez pas?

D. PHILIPPE.
Moi? Non.

Dona BÉATRIX.
Vous avez tort;
C'est vous qui, sûrement, auriez dû me l'apprendre.
Voulez-vous que le roi vienne ici nous surprendre,
Sans être préparés à le recevoir?

ET L'INDISCRETTE.

D. PHILIPPE.
Quoi ?
Que nous dites-vous ?
Dona BÉATRIX.
Mais je vous dis que le roi
Va venir à l'inſtant, & qu'il nous l'a fait dire.
D. PHILIPPE à part.
Qu'entens-je ? Juſte ciel !
D. LOUIS.
Seigneur, je me retire.
[à l'Infante.]
Ma fille, venez-vous ?
L'INFANTE.
Moi ? Non, je vais reſter.
Dona BÉATRIX à l'Infante.
Oui, oui, reſtez ici ; je vais vous préſenter.
D. PHILIPPE à part.
Autre imprudence. Il vient, ſans doute, pour ma niéce;
Tout va ſe découvrir aux yeux de la princeſſe.
[à l'Infante.]
M'en croirez-vous, Madame ? Il n'eſt pas encor temps
Que vous voyiez le roi ; différez...
L'INFANTE.
Non, j'attens
Qu'il paroiſſe en ce lieu.
D. PHILIPPE.
Mais je crains...
L'INFANTE.
Hé ! De grace,
Souffrez, ſans différer, que je me ſatisfaſſe.
L'inſtant eſt favorable, & j'en dois profiter.
D. PHILIPPE.
Puiſque vous le voulez, je n'oſe y réſiſter.
Pour recevoir mon maître, il faut que je vous quitte,
[à part.]
Et mon devoir m'y force. O fatale viſite !

SCENE V.

L'INFANTE, Dona BÉATRIX.

Dona BÉATRIX.

Vous allez voir un prince accompli de tout point;
Et pour moi, j'avouerai que je ne le vois point
Sans quelque émotion. Sa figure est charmante;
Il a dans le regard une langueur touchante,
Qui frappe, qui saisit, & qui va jusqu'au cœur:
Celle qu'il fera reine aura bien du bonheur.

L'INFANTE.

En sa faveur, peut-être, êtes-vous prévenue?

Dona BÉATRIX.

Vous le serez de même à la premiere vûe.

L'INFANTE.

Sa visite chez vous ne doit plus m'étonner.
Il vous cherche, sans doute?

Dona BÉATRIX.

     On en va raisonner;
Comme vous jugez bien; &, sans m'en faire accroire,
J'aurois quelque raison de m'en donner la gloire.
Mais non, de cet honneur je ne suis point l'objet;
Et le roi vient ici pour un autre sujet.

L'INFANTE.

Pourriez-vous me le dire?

Dona BÉATRIX.

     Ah! Je suis trop discrette;
Si vous me promettiez pourtant d'être secrette...

L'INFANTE.

Oui.

ET L'INDISCRETTE.

Dona BÉATRIX.
Je n'aime rien tant que la discrétion;
Elle est essentielle en cette occasion.
Vous saurez donc... Mais non, j'ai juré de me taire;
L'affaire est délicate, & c'est un grand mystère.

L'INFANTE.
Si vous avez juré, je me garderai bien...

Dona BÉATRIX.
Mais je croi qu'avec vous je ne risquerai rien;
Vous m'inspirez d'abord un fond de confiance...
Au moins promettez-moi de garder le silence.

L'INFANTE.
Quoi, vous vous défiez?...

Dona BÉATRIX.
Non: je puis vous parler,
Et m'ouvrir avec vous, sans rien dissimuler.
[à demi bas, & confidemment.]
Le roi ne vient ici que pour y voir ma niéce,
Dont il est amoureux.

L'INFANTE *vivement*.
Il auroit la foiblesse
De s'abaisser au point?...

Dona BÉATRIX.
S'abaisser, dites-vous?
Le roi peut, sans rougir, devenir son époux:
Elle est d'un sang...

L'INFANTE *à part*.
Qu'entens-je? Elle me désespere.

Dona BÉATRIX.
Quoi donc? Ce que je dis vous met-il en colere?

L'INFANTE *prenant un air tranquille*.
Non; mais je ne croi pas que le roi...

Dona BÉATRIX.
Pourquoi non?

L'INFANTE.
Quand nous lui proposons l'Infante d'Arragon,

Y pensez-vous?...
####### Dona BÉATRIX.
Fort bien. Ma niéce est si charmante,
Qu'elle peut aisément faire oublier l'Infante.
####### L'INFANTE.
J'espere que l'effet vous désabusera :
Et l'Infante est d'un rang...
####### Dona BÉATRIX.
Tout ce qu'il vous plaira.
L'Infante, je l'avoue, est d'un rang respectable,
Elle est sœur d'un grand roi ; mais Clarice est aimable.
Ah, le beau titre !
####### L'INFANTE.
On peut en produire un pareil.
####### Dona BÉATRIX.
J'en doute.
####### L'INFANTE.
Oseroit-on vous donner un conseil ?
Cette princesse, un jour, peut être votre reine ;
Ne vous exposez pas à mériter sa haine.
####### Dona BÉATRIX.
Je crains peu... Mais on vient ; sans doute, c'est le roi.
####### L'INFANTE *à part*.
Dans quel trouble je suis !
####### Dona BÉATRIX *à l'Infante*.
Tenez-vous près de moi.

SCENE VI.

LE ROI, L'INFANTE, D. PHILIPPE, Dona BÉATRIX.

LE ROI *à D. Philippe.*

CEssez d'être surpris d'une telle visite.
Je sai, quand il le faut, honorer le mérite :
Il est toujours présent à mon attention,
Et le vôtre exigeoit cette distinction.

D. PHILIPPE.

Sire, tant de bonté ne sert qu'à me confondre ;
Et mon silence seul...

Dona BÉATRIX *bas à D. Philippe.*

Je m'en vais lui répondre,
Car les termes, Seigneur, ne me manquent jamais.
[*au roi.*]
Sire, si Dom Philippe...

D. PHILIPPE *bas à Dona Béatrix.*

Eh, quoi, vous osez...

Dona BÉATRIX *bas à D. Philippe.*

Paix ;
Laissez-moi parler.

D. PHILIPPE *à part.*
Ciel !

Dona BÉATRIX *au roi.*

Si c'est par son silence,
Sire, qu'il vous répond, c'est que son éloquence,
Trop foible & trop modeste en cette occasion,
Quand il faudroit briller, manque d'expression,
J'oserai donc pour lui...

[*Pendant la harangue de Dona Béatrix, D. Philippe fait ce qu'il peut par signes, & en la tirant, pour la faire taire ; &, plus il paroît impatient, plus elle éléve sa voix.*]

D. PHILIPPE *à part.*

Je souffre le martyre.

LE ROI.

Moi-même, je me dis ce que vous voulez dire,
Madame ; & je suis sûr de tous ses sentimens :
Ainsi dispensez-vous de tant de complimens.

Dona BÉATRIX.

Malgré moi je me tais, puisque l'on me l'ordonne ;
Mais j'ai peine...

LE ROI *appercevant l'Infante.*

Quelle est cette jeune personne ?

Dona BÉATRIX *vivement.*

Sire, permettez-moi de vous la présenter ;
Elle m'en a priée : & j'ose me flatter
Que vous l'honorerez d'un accueil favorable.

LE ROI.

Je la trouve charmante.

Dona BÉATRIX *d'un air indifférent.*

Elle est assez aimable.

LE ROI *à l'Infante.*

De grace, votre nom ?

L'INFANTE.

Sire, l'ambassadeur
D'Arragon est mon pere.

LE ROI.

A cet air de grandeur,
On reconnoît en vous une illustre naissance.

Dona BÉATRIX.

Pour moi, je n'y vois rien...

D. PHILIPPE *bas à Dona Béatrix.*

Eh ! Gardez le silence.

Dona

ET L'INDISCRETTE.

Dona BÉATRIX *bas à D. Philippe.*
Cela m'est impossible.
   LE ROI *à l'Infante.*
      Eh quoi ? Jusqu'à ce jour
Avez-vous dédaigné de paroître à ma cour ?
   L'INFANTE.
Tant de rares beautés, y charment votre vûe ;
Que j'avois résolu d'y rester inconnue ;
Mais le desir de voir un prince si parfait,
Malgré moi m'a forcée à rompre ce projet.
   LE ROI.
Vous auriez dû vous rendre un peu plus de justice.
   Dona BÉATRIX *à l'Infante.*
Sortons.
   LE ROI *à l'Infante.*
Non ; demeurez.
  Dona BÉATRIX *à D. Philippe.*
      Je vais chercher Clarice,
Et reviens avec elle.
   D. PHILIPPE *à part.*
     Elle sort, Dieu merci.
Respirons ; & voyons la fin de tout ceci.

SCENE VII.

LE ROI, L'INFANTE D'ARRAGON,
D. PHILIPPE.

   LE ROI.
Madame, permettez que je vous interroge.
De votre jeune Infante on nous a fait l'éloge.
On vante son esprit, ses graces, sa beauté.
Mais ce portrait charmant, ne l'a-t-on point flatté ?
Je m'en rapporte à vous.

Tome VI.   G

L'INFANTE.
                    Je suis trop naturelle
Pour vous rien déguiser. Elle passe pour belle ;
Du moins les courtisans nous l'assurent ainsi ;
Et c'est leur sentiment que je rapporte ici.
Pour moi, je n'en dis rien, de crainte d'en trop dire.
LE ROI.
Non ; la vérité simple est ce que je desire.
Déclarez librement ce que vous en pensez.
L'INFANTE.
Je crois sur son sujet en avoir dit assez.
J'ajouterai pourtant, par pure obéissance,
Qu'elle paroît en tout digne de sa naissance ;
Mais que si par la paix on l'unit avec vous,
Elle veut posséder le cœur de son époux ;
Et que le seul bonheur de s'en voir souveraine,
Peut lui faire goûter le bonheur d'être reine.
LE ROI.
Elle veut dominer ; c'est là sa passion.
L'INFANTE.
Non. Mais se faire aimer, c'est son ambition.
Elle veut tout un cœur ; & le moindre partage
Feroit de son haut rang un affreux esclavage.
Du reste, à dominer elle n'a nul penchant.
Elle ne connoît point de plaisir si touchant,
Que les tendres douceurs d'une amour mutuelle :
Tous les autres plaisirs ne le sont point pour elle.
Voilà ses sentimens : & dans cet entretien,
En vous ouvrant mon cœur, je vous ouvre le sien.
LE ROI.
Je voi qu'en sa faveur votre zéle est extrême.
La connoissez-vous bien ?
L'INFANTE.
                    Aussi bien que moi-même.
LE ROI.
C'est tout dire en deux mots. Mais, Madame, entre nous,

ET L'INDISCRETTE.

A-t-elle autant d'esprit, & de charmes que vous ?
L'INFANTE.
Par cette question vous me rendez confuse.
Sur son propre sujet bien souvent on s'abuse...
Mais je crois...
LE ROI.
Poursuivez.
L'INFANTE.
(Vous verrez si j'ai tort)
Que ses traits & les miens ont beaucoup de rapport.
LE ROI.
Vous la louez beaucoup. Mais j'aperçois Clarice.

SCENE VIII.

LE ROI, L'INFANTE D'ARRAGON;
D. PHILIPPE, Dona BÉATRIX,
Dona CLARICE.

D. PHILIPPE à Dona Béatrix.
C'Est vous encor ?
Dona BÉATRIX.
Moi-même. On va rendre justice
A ma niéce.
D. PHILIPPE
à Dona Béatrix, & Dona Clarice.
Rentrez.
L'INFANTE apercevant Clarice.
O ciel ! Qu'elle a d'appas !
Dona BÉATRIX
s'échappant des mains de D. Philippe.
Sire, vous voulez bien...
D. PHILIPPE *voulant la retenir.*
Vous ne rentrerez pas ?

G ij

####### Dona BÉATRIX.
####### [à Clarice.]
Non, vraiment. Avancez.
####### Dona CLARICE.
Je n'oferois, ma tante.
####### LE ROI à part.
####### [à l'Infante.]
Quelle aimable pudeur ! Croyez-vous que l'Infante
Puisse effacer l'objet que l'on offre à mes yeux.
####### L'INFANTE.
Je ne sais. Mais enfin, pour en décider mieux,
Sire, considérez son auguste naissance,
Et laquelle des deux vous offre une alliance
Vraiment digne d'un roi ; dont la gloire, l'honneur,
L'intérêt de l'état, doivent régler le cœur.
De si nobles motifs sollicitant pour elle,
Celle qui vous convient doit être la plus belle.
Le temps peut effacer les plus brillans attraits ;
Mais la splendeur du sang ne s'efface jamais.
Je crois vous avoir dit tout ce que je puis dire ;
Souffrez que je me taise, & que je me retire.
####### LE ROI à l'Infante.
Puisqu'à rester ici je vous invite en vain,
Dom Philippe, du moins, vous donnera la main.
[à D. Philippe.]   [quand l'Infante est éloignée.]
Conduisez-la. Son air, ses discours, tout me frappe.
Renouez l'entretien ; que rien ne vous échappe.
Son dépit est trop vif ; il a trop éclaté
Pour ne pas exciter ma curiosité.
####### D. PHILIPPE d'un air triste.
J'obéis ; mais je crains que mon zéle inutile..
####### LE ROI d'un ton d'autorité.
Ne perdez point de temps.

SCENE IX.

LE ROI, Dona BÉATRIX, Dona CLARICE.

Dona BÉATRIX *au roi*.

Sans être trop subtile,
Sire, j'ai deviné tout ce mystere-ci,
Qui par moi, sur le champ, vous peut être éclairci.
L'Infante d'Arragon veut être votre épouse.
Je conçois qu'elle est née inquiéte, & jalouse;
Et que pour pénétrer le fond de votre cœur,
Elle envoie en ces lieux, avec l'ambassadeur,
Une jeune personne, aimable, insinuante,
Qui, de cette princesse adroite confidente,
Veut vous persuader que presque trait pour trait,
De sa maîtresse en elle on peut voir le portrait.
Le piége est bien tendu. Déja cet artifice
Sembloit lui réussir, quand elle a vû Clarice,
Dont les brillans attraits ont ébloui ses yeux,
Et fait naître en son cœur un dépit furieux.
Sa fuite vous le prouve ; & voilà le mystere.

LE ROI.

Cela peut être vrai ; mais laissons cette affaire
Aux soins de votre époux ; sa pénétration
Bien-tôt...

Dona BÉATRIX.

On est instruit de votre passion,
Et l'on veut que l'amour céde à la politique.

LE ROI.

A vaincre mon penchant, c'est en vain qu'on s'applique.

Je viens vous l'avouer ; Clarice m'a charmé ;
Mais je cesse d'aimer, si je ne suis aimé.
On m'offre avec la paix une illustre princesse ;
Je devrois l'accepter, & vaincre ma tendresse ;
Ma raison me le dit : mais que ne peut l'amour
Quand il est animé par un tendre retour ?

[*à Clarice.*]

S'il vous parle pour moi, permettez qu'il s'explique ;
Et je n'écoute plus raison ni politique.
L'intérêt de l'état va devenir le sien ;
Et sûr de votre cœur, j'écouterai le mien.

[*Dona Clarice baisse les yeux, & soupire.*]

Dona BÉATRIX *à Dona Clarice.*

Répondez donc au roi.

Dona CLARICE *à part.*

Quel horrible supplice !
Dans quel trouble je suis !

LE ROI.

Rassurez-vous, Clarice ;
Ouvrez-moi votre cœur : c'est tout ce que je veux,
Dût-il se refuser à mes plus tendres vœux,
Qu'il se déclare, enfin. Puis-je espérer ?...

Dona CLARICE.

Ah ! Sire ;
Quand je vous aimerois, devrois-je vous le dire ?

Dona BÉATRIX.

Oui, je vous le permets.

LE ROI.

Cette aimable pudeur,
Ce charmant embarras redouble mon ardeur.
Plus vous lui résistez, & plus elle est pressante.
Parlez.

Dona CLARICE.

Qu'exigez-vous d'une jeune innocente
Qui ne se connoît pas ? Vous m'aimez, dites-vous ?
C'est un honneur pour moi bien flatteur & bien doux ;

J'en suis reconnoissante autant qu'on le peut être;
Mais enfin...
LE ROI.
Achevez.
DONA CLARICE.
Je n'ose aimer mon maître;
Je le respecte trop; & ma timidité
Craint de lever les yeux sur votre majesté.
LE ROI.
Ayez moins de respect, & soyez plus sensible.
Dona CLARICE.
Hélas! Je le voudrois: j'y fais tout mon possible.
LE ROI.
Oubliez votre roi ; songez à votre amant.
Dona CLARICE.
Je n'y songe que trop.
LE ROI.
Ah, quel aveu charmant!
Répétez-le cent fois.
Dona CLARICE.
Que ne suis-je princesse?
Il m'aimeroit.
LE ROI.
Hé quoi? L'excès de ma tendresse
Peut-il mieux éclater? Je vous offre ma foi.
Dona CLARICE.
Vous vous abaissez trop, en vous donnant à moi.
LE ROI.
Je veux faire à l'amour ce tendre sacrifice.
Dona CLARICE.
Sire, j'en suis indigne; & je me rens justice.
LE ROI.
Quand l'univers entier reconnoîtroit mes loix,
Je ne rougirois pas de faire un si beau choix.
D'un respect importun soyez moins obsédée;
Concevez de vous-même une plus haute idée;

Livrez-vous sans réserve aux tendres sentimens;
Et songez que l'amour égale les amans.
Dona CLARICE.
Un cœur ambitieux ne pense pas de même :
C'est son intérêt seul qu'il recherche, & qu'il aime.
LE ROI.
Ma seule ambition est d'être aimé de vous.
Dona CLARICE.
Que ce langage est tendre ! Et qu'il me seroit doux,
Si selon mes desirs il partoit !.... Je m'égare...
Malgré moi ma foiblesse à vos yeux se déclare.
LE ROI *avec transport.*
Votre foiblesse ! O ciel ! Hé quoi ! Selon mes vœux
Votre cœur s'attendrit, & je vais être heureux ?

SCENE X.

LE ROI, D. FERNAND, Dona CLARICE,
Dona BÉATRIX.

LE ROI *à D. Fernand,*
qui paroit au fond du théatre.

Approchez, Dom Fernand. Tout parle pour Clarice :
Elle m'aime, & bien-tôt je lui rendrai justice.
Espérez tout de moi, pour m'avoir excité
A tout sacrifier à sa rare beauté.
Pour régner avec moi, le ciel me la désigne.
Son unique défaut est de s'en croire indigne ;
Je vous charge du soin de la désabuser.
         [*à Dona Clarice.*]
Je vous laisse un instant, & vais tout disposer
Pour hâter le projet que mon amour m'inspire,
Et rompre tout obstacle au bonheur où j'aspire.

SCENE

SCENE XI.

D. FERNAND, Dona CLARICE, Dona BÉATRIX.

Dona BÉATRIX.

Je vais suivre le roi, pour le mieux confirmer
Dans le flatteur espoir qui vient de le charmer.
Seigneur, suivez votre ordre; &, par votre sagesse,
Au trône qui l'attend, faites monter ma niéce.

SCENE XII.

D. FERNAND, Dona CLARICE.

D. FERNAND.

Vous aimez donc le roi ? Vous l'en avez flatté ;
Je voi que cet aveu ne vous a pas coûté.

Dona CLARICE.

Moi, je l'aime ? Ah ! C'est lui qui s'obstine à le croire ;
Il ne veut pas m'entendre.

D. FERNAND.

    Avouez que la gloire
De charmer un grand roi, flatte bien votre cœur,
Et qu'un amant tient peu contre un pareil honneur !

Dona CLARICE.

Je respecte le roi. Mais dire que je l'aime,
Il n'est rien de plus faux. S'il s'est trompé lui-même,
Est-ce ma faute, à moi ? Je le détromperai.

Tome VI.   H

D. FERNAND.

Ah ! Vous me perdriez.

Dona CLARICE.

Oui, je vous convaincrai
Que je ne suis point vaine, & point ambitieuse ;
Et que, sans être à vous, je ne puis être heureuse.
Vous verrez si le trône a de quoi me tenter.

D. FERNAND *à part.*

O ciel ! Qu'ai-je entendu ? J'ai peine à résister
Au charme décevant d'un si doux sacrifice ;
Et mon ambition met mon cœur au supplice.

[*haut.*]

Clarice, au nom du Ciel, modérez ce transport ;
Et, pour nous rendre heureux, faites-vous un effort.

Dona CLARICE.

Que je suis malheureuse !

D. FERNAND.

Y pensez-vous, Clarice ?
De la félicité vous faites un supplice ?
Pour voir & pour sentir quel est votre bonheur,
Consultez votre esprit, & non pas votre cœur.
Quel bonheur est égal à celui d'une reine !
Est-il rien de si beau que d'être souveraine ?
Quel brillant ! Quel éclat ! Quels honneurs ! Quels
  respects !
Les plus grands de l'état sont vos humbles sujets.
Un seul de vos regards est tout ce qu'on desire.
Daignez-vous dire un mot ? Aussi-tôt on admire.
Tout s'empresse pour vous, & prévient vos desirs.
Sans cesse vous volez de plaisirs en plaisirs ;
Ils renaissent en foule avec de nouveaux charmes.
On écarte de vous les soucis, les alarmes,
L'embarras de penser, pour n'offrir à vos yeux
Que des objets rians, amusans, gracieux.
Loin d'essuyer jamais un discours trop sincere,
Jamais on ne vous dit que ce qui peut vous plaire ;

Pour consulter vos goûts, ou vos aversions,
Chacun vous asservit toutes ses passions.
Du souple courtisan l'ame vous est soumise.
Méprisez-vous quelqu'un ? D'abord il le méprise.
En aimez-vous un autre ? Il l'adore aussi-tôt.
Tout est à votre gré, perfection, défaut,
Vice, ou vertu. Les mœurs, les façons, le langage,
Tout se régle sur vous, & tout vous rend hommage :
Et si quelque bonheur approche du divin,
C'est le charme éclatant du pouvoir souverain.

   Dona CLARICE.
Tout cela vous ravit, & j'y suis insensible.
Vous m'étalez en vain…

   D. FERNAND.
      O ciel ! Est-il possible ?
Pour jouir un seul jour de cet auguste rang,
Je sacrifierois tout, je donnerois mon sang.

   Dona CLARICE.
Ingrat ! Si vous m'aimiez…

   D. FERNAND.
      Qui, moi ? Si je vous aime ?
Ah ! Rien n'est comparable à mon amour extrême.
Ai-je pû résister à mes transports jaloux,
Quand j'ai cru que mon maître étoit aimé de vous ?
Non, jamais à mes yeux vous ne fûtes si belle
Qu'au moment que j'ai cru vous trouver infidelle.
Vous seule avez trouvé le chemin de mon cœur ;
Je ne puis qu'avec vous goûter un vrai bonheur.
Mais enfin ma raison veut être la plus forte,
Et sur tout mon amour votre intérêt l'emporte.

   Dona CLARICE.
C'est le vôtre plûtôt, c'est votre ambition.
Votre cœur ne connoît que cette passion.
Vous m'en donnez, ingrat, une preuve éclatante ;
Que je me veux de mal ! Que ne suis-je inconstante !

Que j'aurois de plaisir à me venger de vous!

D. FERNAND.

Hé! Pourquoi m'accabler d'un injuste courroux?
Vous connoîtrez bien-tôt le prix d'une couronne.
En renonçant à vous, c'est moi qui vous la donne.
Vous ne l'oublierez point, j'ose encor m'en flatter.

Dona CLARICE.

Je ne m'en souviendrai que pour vous détester.

D. FERNAND.

D'un funeste penchant triomphons l'un & l'autre;
Dérobons à l'amour & mon cœur & le vôtre.
On se lasse à la fin de goûter ses douceurs;
Mais plus de la fortune on reçoit de faveurs,
Et plus de leur éclat une ame est enchantée.
De mon ambition cessez d'être irritée;
Je n'en ai que pour vous.

Dona CLARICE *d'un ton de colere.*

Hé bien, je vous croirai,
Vous pouvez dire au roi que je l'épouserai,
Que je l'aime... Attendez, ne dites rien encore;
Peut-être je me trompe. Il jure qu'il m'adore;
Il est jeune, charmant; il est roi : mais mon cœur...
N'importe; en l'épousant je fais votre bonheur,
Du moins vous le croyez; cela doit me suffire.
Allez donc l'assurer... Juste ciel! Quel martyre!
Ma bouche veut parler, & mon cœur la retient.
Vainement contre vous le dépit me prévient,
Dès que je vous regarde... Ah! C'est trop de foiblesse;
Vous ne méritez pas cet excès de tendresse;
Et puisque votre cœur m'a pû manquer de foi,
Je lui laisse le droit de disposer de moi.

[*Elle sort.*]

ET L'INDISCRETTE.

D. FERNAND.

Non, je n'accepte point un pouvoir si funeste;
Le dépit me le donne, & le cœur le déteste.
Vous me fuyez en vain. O ciel! Fais qu'en ce jour
L'intérêt, la raison, triomphent de l'amour.

Fin du troisiéme acte.

ACTE IV.

SCENE PREMIERE.

L'INFANTE D'ARRAGON,
D. LOUIS.

D. LOUIS.

Dom Philippe, Madame, est chez la sœur du roi;
Calmez-vous. Attendons-le, & différez...

L'INFANTE.

Qui ? Moi,
Je pourrois retenir mon dépit, ma colere ?
Moi, rester en Castille ? Ah ! Si le roi mon frere,
Lui-même, étoit témoin des affronts qu'on m'y fait...

D. LOUIS.

De son juste courroux il suspendroit l'effet.
Dans cet instant critique imitez sa prudence,
Vous sauvez son état.

L'INFANTE.

Ah ! Mon obéissance
N'a déja que trop fait. Que peut-elle de plus ?
Pour appuyer vos soins, les miens sont superflus.
Ma gloire souffre trop à la cour de Castille,
Je veux partir.

D. LOUIS.

Songez que passant pour ma fille,
Vous n'exposerez point l'honneur de votre sang.

L'INFANTE.

Mais ma rivale, enfin...

D. LOUIS.

Elle n'est point d'un rang

Qui vous doive alarmer ; & les soins du ministre
Triompheront enfin de l'obstacle sinistre
Qu'une indigne rivale oppose à nos efforts.
Un roi ne se rend pas à ses premiers transports :
La gloire a sur son cœur un empire suprême,
Et saura...

SCENE II.

L'INFANTE, D. PHILIPPE, D. LOUIS.

D. PHILIPPE.

Nous voici dans un péril extrême,
Et pour Clarice enfin le roi s'est déclaré :
Princesse, toutefois rien n'est désespéré.
La raison, mon crédit, la gloire de mon maître,
Vont combattre pour vous, triompheront peut-être.
J'aurai d'autres secours dont je ne parle pas ;
Mais je compte encor plus sur vos divins appas :
Ils ont frappé le roi, qui lui-même l'avoue.
Depuis qu'il vous a vûe, à toute heure il vous loue :
Dès qu'il vous connoîtra, je ne saurois douter
Qu'il n'échappe du piége où l'on veut l'arrêter.
[à D. Louis.]
Mais, avant qu'à ses yeux l'Infante se déclare,
C'est un événement qu'il faut que je prépare.
Seigneur, consentez-vous au projet du traité,
Sur le pied que tantôt nous l'avons arrêté ?
De ce que j'entreprens c'est le préliminaire.
Armé de ce traité, je puis vaincre mon frere.
Sans les conditions que j'exige de vous,
La guerre est infaillible ; il l'emporte sur nous.

D. LOUIS.

Je puis les accorder, si la double alliance
Entre les deux états remet la confiance :
Assuré de ce point, je signe aveuglément.

D. PHILIPPE.

Je suis content. Le roi viendra dans un moment :
Il n'est pas encor temps que vous parliez, Princesse ;
Je vous avertirai dans l'instant.

L'INFANTE.

       Je vous laisse,
Et vais chez Dom Louis attendre vos avis,
Qui seront, de ma part, exactement suivis.

SCENE III.

D. PHILIPPE seul.

Quoi qu'il puisse arriver, suivons notre entreprise.
Je cours mille dangers, mais mon cœur les méprise.
On veut perdre mon maître, & je dois le sauver.
A la ville, à la cour, tout va se soulever.
On murmure déja. Mon épouse imprudente
Fait éclater par tout une joie insolente.
Je vois avec douleur son orgueil indiscret ;
Quoiqu'il paroisse agir pour hâter mon projet.
Plus elle éclatera : plus d'obstacles vont naître :
Mais au fond je rougis... Ah ! Je la vois paroître.

SCENE IV.

D. PHILIPPE, Dona BÉATRIX.

Dona BÉATRIX.

JE vous trouve à propos ; je vous cherchois.

D. PHILIPPE.

Qui ? Moi ?

Dona BÉATRIX.

Oui. Faites compliment à la tante du roi.

D. PHILIPPE
lui faisant une profonde révérence.

Ah ! Madame....

Dona BÉATRIX.

Bon Dieu ! Vous voilà bien tranquille ?

D. PHILIPPE.

Pourquoi non ?

Dona BÉATRIX.

Songez-vous que la cour & la ville
Viendront bien-tôt ici vous faire compliment ?

D. PHILIPPE *en souriant.*

Vous avez donc parlé ?

Dona BÉATRIX.

Non pas ouvertement.
Mais à plusieurs amis j'ai fait la confidence
Du sujet de ma joie ; & j'ai grande espérance
De voir bien-tôt l'envie en mourir de dépit.
N'ai-je pas bien fait ?

D. PHILIPPE.

Oui. Le jugement, l'esprit,
Brillent également dans tout ce que vous faites ;
Et je suis pénétré de la joie où vous êtes.

Dona BÉATRIX.

Vous plaisantez, je pense?

D. PHILIPPE.

Ah, mon Dieu! Point du tout.

Dona BÉATRIX.

Mais, plaisantez, ou non, je suis venue à bout
De me voir, dans l'état, la troisiéme personne;
Le roi, la reine, & moi. Si près de la couronne,
Je vais avoir un titre à qui tout doit respect,
Et vous tout le premier.

D. PHILIPPE.

Je suis trop circonspect
Pour disputer vos droits.

Dona BÉATRIX.

La reine étant ma niéce,
Vous jugez aisément que me voilà princesse.

D. PHILIPPE.

C'est ce que je pensois; & vous n'avez pas tort.

Dona BÉATRIX.

Pour la premiere fois, nous voilà donc d'accord.

D. PHILIPPE *à part*.

Sa folle vanité lui tourne la cervelle,
Et me sert malgré moi. L'occasion est belle,
Il faut en profiter.

Dona BÉATRIX.

Pourquoi tant de froideur?
Etes-vous insensible à ce nouvel honneur?

D. PHILIPPE.

Moi? J'en suis transporté.

Dona BÉATRIX.

Plus de philosophie;
J'en suis lasse à mourir; je vous le signifie.
Allons, l'air de grandeur; jouissons de nos droits;
Que je vais triompher!

D. PHILIPPE.

Ah! Vraiment, je vous crois.

Dona BÉATRIX.
Ah ! Quel plaisir pour moi, lorsque je pourrai dire,
Le roi mon neveu !
D. PHILIPPE.
Oui.
Dona BÉATRIX.
Mon neveu ! Quel empire
Je vais prendre à la cour ! Si-tôt qu'on me verra,
D'un air respectueux chacun se rangera :
C'est la tante du roi, dira-t-on. Place, place,
Messieurs, diront mes gens, avec un air d'audace ;
Et moi, j'avancerai d'un pas majestueux,
Noble, fier, tempéré d'un souris gracieux ;
Et tous les courtisans placés à mon passage,
Empressés à me voir, me rendront leur hommage ;
Auquel je répondrai d'une inclination
Dédaigneuse, distraite, & de protection.
Vous verrez, vous verrez avec quelle noblesse
Je soutiendrai le titre & le rang de princesse.
D. PHILIPPE.
Oui, vous ferez merveille ; &, sans plus différer,
Je vous conseille, moi, de vous en emparer :
Aussi-bien à présent l'affaire est déclarée.
Dona BÉATRIX.
Pas encor tout-à-fait.
D. PHILIPPE.
Mais elle est assurée ;
Et vous, n'en doutez pas.
Dona BÉATRIX.
Oh ! Non, assurément.
D. PHILIPPE.
Que n'éclatez-vous donc dès ce même moment ?
Dona BÉATRIX.
Parlez-vous tout de bon ?

D. PHILIPPE.

Tout de bon, je vous jure;
Vous ne sauriez mieux faire : & je vous en conjure.

Dona BÉATRIX.

Vous me soulagez bien, car je n'en pouvois plus.
Mais on m'a commandé le secret là-dessus,
Et je l'ai mal gardé : Dom Fernand, votre frere,
M'en a fait le reproche ; il est fort en colere.
Non, non, je me tairai.

D. PHILIPPE *à part.*

Bon. La discrétion
Lui viendra par esprit de contradiction.

[*haut.*]

Et moi, je vous soutiens que notre politique
Est de rendre au plûtôt cette affaire publique :
Par là, nous l'assurons.

Dona BÉATRIX.

Rien de mieux raisonné.
Je vous trouve aujourd'hui l'esprit si bien tourné,
Que je me sens pour vous un retour de tendresse.
Je vais faire beau bruit.

D. PHILIPPE.

Envoyez-moi ma niéce;
Elle est simple, innocente ; il faut la prévenir :
Tête à tête, un moment, je veux l'entretenir.

Dona BÉATRIX *d'un air majestueux.*

Oui, Seigneur, près de vous je la ferai conduire :
A tenir bien son rang, prenez soin de l'instruire :
Inspirez-lui sur-tout une noble fierté.

D. PHILIPPE *d'un air très-respectueux.*

Princesse, tout sera sagement concerté.

[*Elle sort en lui faisant une révérence fiere
& dédaigneuse.*]

SCENE V.

D. PHILIPPE *seul.*

Oui, l'éclat qu'elle a fait, celui qu'elle va faire,
Mieux que tous mes efforts déconcerte mon frere;
Et tous les bons sujets alarmés comme moi,
Vont venir m'appuyer pour détromper le roi.
Mais Clarice paroit ; voyons si sa folie
Est au même degré.

SCENE VI.

D. PHILIPPE, Dona CLARICE.

D. PHILIPPE *à part.*

De sa mélancolie,
De son air consterné, je ne sai qu'augurer.
[*haut.*]
Madame, qu'avez-vous ? Venez-vous de pleurer ?
Quoi ? Reine, ou peu s'en faut ?

Dona CLARICE.

Hé ! Cessez, je vous prie,
D'augmenter mes malheurs par cette raillerie.

D. PHILIPPE.

Vos malheurs ? Mais le roi vous a donné son cœur;
Vous allez être reine ; est-ce un si grand malheur ?

Dona CLARICE.

Oui, c'en est un pour moi.

D. PHILIPPE.

D'où vous vient cette idée?

Dona CLARICE.

Vous le pensez aussi, j'en suis persuadée.

D. PHILIPPE à part.

Qu'entens-je? Est-ce raison? Insensibilité?
Est-ce un cœur que l'orgueil n'a point encor gâté?
Il faut approfondir ce surprenant mystere.

[haut.]

Vous ne me dites rien? Quoi? Pouvez-vous vous taire
A la veille d'un jour pour vous si glorieux?
Je ne voi point la joie éclater dans vos yeux.
Je ne voi ni fierté, ni hauteur. Quel miracle!
Aux volontés du roi craignez-vous quelque obstacle?

Dona CLARICE.

Plût au ciel!

D. PHILIPPE.

Plût au ciel! Je ne sais où j'en suis.
Pour voir dans votre cœur je fais ce que je puis.
Mais je m'y pers. Comment? Vous tenez ce langage?
Insensible aux grandeurs à la fleur de votre âge?
Raisonnez-vous, Clarice, ou ne sentez-vous rien?

Dona CLARICE.

Oui, Seigneur, je raisonne, & je raisonne bien.

D. PHILIPPE.

Je commence à vous croire, & vous ai méconnue.
Un prodige nouveau vient s'offrir à ma vûe.
Écoutez-moi, Clarice, & raisonnons tous deux.
Le trône ne peut donc satisfaire vos vœux?

Dona CLARICE.

Non.

D. PHILIPPE.

Non? Que faudroit-il pour vous rendre contente?

Dona CLARICE.

Un séjour sans éclat, une vie innocente,

ET L'INDISCRETTE.

Avec un tendre époux, qui, content de mon cœur,
En me donnant le sien, pût faire son bonheur.
    D. PHILIPPE *à part.*
Je voulois lui prêcher la raison, la sagesse ;
Mais je suis le disciple, & voilà ma maîtresse.
    [*haut.*]
Plus je vous examine, & plus je suis charmé,
Clarice ; à votre égard j'étois très-alarmé ;
Je croyois que l'orgueil vous rendroit indocile ;
Mais sur votre sujet me voilà bien tranquille.
    [*à demi bas.*]
Nous sommes seuls ici. Parlez de bonne foi.
    Dona CLARICE.
Oui, je vous dirai tout.
    D. PHILIPPE *plus bas.*
            N'aimez-vous pas le roi ?
    Dona CLARICE.
Hélas ! Non.
    D. PHILIPPE.
    Comment, non ? Mais ç'est un grand monarque ;
C'est un prince accompli.
    Dona CLARICE.
            Que m'importe ? Une marque
Que je ne l'aime pas, c'est que tous les honneurs
Que l'on me rend déja, me font verser des pleurs.
    D. PHILIPPE.
Pour un autre, du moins, vous n'êtes pas sensible ?
    Dona CLARICE.
Ah ! Que vous vous trompez !
    D. PHILIPPE.
            O ciel ! Est-il possible ?
Quel est l'heureux mortel que vous lui préférez ?
    Dona CLARICE.
Un perfide, un ingrat.
    D. PHILIPPE.
            Qui vous ? Vous soupirez

Pour un ingrat ? Et c'eſt ?
Dona CLARICE.
Votre frere lui-même.
D. PHILIPPE.
Mon frere ? Vous l'aimez ?
Dona CLARICE.
Oui, Seigneur, oui, je l'aime;
Et je ſacrifierois mille trônes pour lui.
Mais ce qui va bien plus vous ſurprendre aujourd'hui,
C'eſt qu'il m'adore auſſi.
D. PHILIPPE.
Vous vous trompez. L'Infante
Eſt l'objet de ſes vœux.
Dona CLARICE.
O nouvelle accablante !
Mais il ne l'aime pas. Non, il ne peut l'aimer;
Ce n'eſt que par ſon rang qu'elle a ſu le charmer.
Elle a trop peu d'appas pour le rendre infidéle.
Il m'a juré cent fois une amour éternelle ;
Mais il me ſacrifie à ſon ambition.
D. PHILIPPE.
Vous ne triomphez pas de cette paſſion ?
Dona CLARICE.
En vain, je l'ai tenté ; rien ne peut l'en défendre.
D. PHILIPPE *à part.*
Rien n'eſt déſeſperé. Ce que je viens d'apprendre
M'eſt un nouveau moyen de le déconcerter.
Peut-être le moment viendra d'en profiter.
[*haut.*]
Ma niéce, ou je me trompe, ou vous ſerez heureuſe;
Rentrez. Ne dites rien. Votre ame généreuſe
Mérite que le roi faſſe votre bonheur.
Dona CLARICE.
Qu'il garde ſa couronne, & me laiſſe mon cœur.

SCENE VII.

D. PHILIPPE *seul.*

Tant de perfections ne fixent point mon frere !
Tout entier occupé de sa vaine chimere,
Il en fait son idole ; & mes soins jusqu'ici,
Mes raisons, mes conseils, n'ont pû... Mais le voici.
Instruit de son secret je m'en vais le confondre,
Et le réduire au point de ne pouvoir répondre.

SCENE VIII.

D. PHILIPPE, D. FERNAND.

D. PHILIPPE.
Hé bien ? Vous triomphez ?

D. FERNAND.
Oui, je suis satisfait ;
Et bien-tôt mes projets auront un plein effet.
Je viens vous annoncer le double mariage...
Vous ne dites plus rien !

D. PHILIPPE.
J'admire votre ouvrage,
Chef-d'œuvre de prudence & de raisonnement.
Mais voudriez-vous bien m'écouter un moment ?
Si de vous la raison ne peut se faire entendre,
Des reproches du cœur pouvez-vous vous défendre ?
Le domtez-vous si bien, que sur sa passion
Vous donniez la victoire à votre ambition ?

Sur tous vos sentimens a-t-elle tant d'empire ?
D. FERNAND.
Je ne vous entens point. Que voulez-vous me dire ?
D. PHILIPPE.
Vous ne m'entendez point ! Le temps est précieux ;
Il faut en profiter. Je vais m'expliquer mieux,
Et vous me comprendrez. Clarice vous adore,
Et le trône, sans vous, est un don qu'elle abhorre.
Un cœur si généreux, bien loin de vous toucher,
A vos vastes desirs ne peut vous arracher ?
Toutefois vous l'aimez autant qu'elle vous aime.
D. FERNAND.
Moi ? D'où le savez-vous ?
D. PHILIPPE.
Je le sai d'elle-même.
D. FERNAND.
Puisqu'elle vous l'a dit, je ne m'en défens plus.
Mais l'amour fait sur moi des efforts superflus ;
Et loin de lui céder une lâche victoire,
Je suis mon intérêt, & j'écoute ma gloire.
Le roi m'en récompense. Il m'accorde sa sœur;
Et j'éléve Clarice au comble du bonheur.
D. PHILIPPE.
Clarice qui vous aime, épouseroit mon maître ?
D. FERNAND.
Il croit en être aimé, cela suffit.
D. PHILIPPE.
Peut-être
On le détrompera.
D. FERNAND.
Qui ?
D. PHILIPPE.
Moi.
D. FERNAND.
Vous n'oseriez,

D. PHILIPPE.
Comment, je n'oserois ?
D. FERNAND.
Non. Vous me perdriez ;
Et ma chûte seroit votre perte infaillible.
D. PHILIPPE.
A de pareils motifs je ne suis point sensible.
Je crains tout pour l'état, & ne crains rien pour moi.
Soyez-en sûr. D'ailleurs, je connois trop le roi,
Pour craindre de sa part une ombre d'injustice.
Mon unique frayeur est qu'il ne vous punisse.
Je vous aime, mon frere, & mon zéle discret
Jusqu'à l'extrémité gardera le secret.
Je vais faire parler l'intérêt, la prudence.
Si vous rendez le roi sourd à leur remontrance,
Plus de ménagement ; je révélerai tout.
D. FERNAND.
Gardez-vous, croyez-moi, de me pousser à bout.
D. PHILIPPE.
Je vous l'ai déja dit. Mon zéle est à l'épreuve
[*Il montre le traité.*]
Du plus terrible obstacle. En voyez-vous la preuve ?
Avec l'ambassadeur j'ai conclu ce traité :
Et j'enchaîne par là votre témérité.
D. FERNAND.
Vous l'enchaîneriez, vous ? Il faut que je périsse,
Ou que dans un moment mon projet s'accomplisse.
D. PHILIPPE.
Hé bien, vous périrez, ou je périrai, moi.
Je ne vous connois plus quand il s'agit du roi.
Le voici.

SCENE IX.

LE ROI, D. PHILIPPE, D. FERNAND.

LE ROI *à D. Philippe.*

Votre frere a pris foin de vous dire
Ce qui m'améne ici ?

D. FERNAND.
Je viens de l'en inftruire.

D. PHILIPPE.
Oui, Sire, il me l'a dit : mais votre majefté
[*Il préfente le traité au roi.*]
Peut-elle m'ordonner de rompre ce traité ?
Sans répandre du fang, vous faites des conquêtes;
Tous vos peuples ravis vont, par d'aimables fêtes,
Célébrer vos bontés, & les fruits d'une paix
Qui vous fera rentrer dans vos vrais intérêts.

LE ROI.
Je veux bien confentir que la paix foit conclue;
Mais en me réfervant la puiffance abfolue
De ne donner ma main qu'en confultant mon cœur,
Je n'engage ni moi, ni l'Infante ma fœur.

D. PHILIPPE.
Vous refufez les nœuds que l'Arragon propofe ?

LE ROI.
Je n'y puis plus penfer, vous en favez la caufe.
Je donne à votre niéce & mon cœur & ma foi;
Ma fœur, à Dom Fernand.

D. PHILIPPE.
O ciel ! Eft-ce mon roi
Qui me parle ?

LE ROI.
            Quoi donc ?
        D. PHILIPPE.
                    Ma niéce, votre épouse !
Non, non, de votre honneur mon ame est trop jalouse,
Pour vous laisser descendre à cette indignité.
L'approuver, c'est commettre une infidélité ;
Et vous la conseiller, c'est une perfidie.
Une telle union ne peut être applaudie,
Que par vos ennemis secrets, ou déclarés.
        D. FERNAND.
Mon frere !
        D. PHILIPPE.
            Téméraire ! Hé quoi, vous oserez
Abuser des bontés d'un si généreux maître ?
        [se jettant aux pieds du roi]
Vous, épouser sa sœur ! Ah ! Daignez vous connoître !
Grand roi ; pour un moment jettez les yeux sur vous ;
Voyez quelle distance entre un monarque & nous.
Une indignation publique & légitime,
De l'univers entier va vous ravir l'estime :
De vos tendres sujets vous perdrez tous les cœurs ;
Et c'est là, pour un roi, le plus grand des malheurs.
        D. FERNAND au roi.
Permettez qu'en deux mots....
        D. PHILIPPE au roi.
                On cherche à vous surprendre ;
La vérité vous parle ; un grand roi doit l'entendre.
Oui, Sire, ouvrez les yeux. L'intérêt de l'état,
Voilà la passion digne d'un potentat.
Le bonheur de son peuple est l'objet qui l'enchaîne ;
Il ne doit écouter ni l'amour, ni la haine,
Et son cœur généreux, toujours maître de soi,
D'un devoir si sacré doit s'imposer la loi.

L'AMBITIEUX,

LE ROI.

Je ne m'en cache point ; votre discours me touche.

D. PHILIPPE.

Tous vos vrais serviteurs vous parlent par ma bouche.

D. FERNAND *au roi.*

Et de quoi vous sert donc le pouvoir souverain,
Si votre autorité peut reconnoître un frein ?
Qui veut vous l'imposer, vous insulte, & vous brave ;
Et d'un prince absolu, cherche à faire un esclave.

D. PHILIPPE.

Pernicieux conseils ! Si vous vous y rendez,
Que devient votre état ?

LE ROI.

Dom Fernand, répondez.
Il me frappe, il m'étonne ; & l'air dont il s'énonce...

SCENE X.

LE ROI, D. PHILIPPE, D. FERNAND,
Dona BÉATRIX, Dona CLARICE.

LE ROI *voyant Dona Clarice.*

AH ! Dans ces yeux charmans je lis votre réponse.

D. PHILIPPE *à part.*

Ciel !

LE ROI.

Elle est sans réplique : on n'y peut résister.
Dom Philippe, voyez, dois-je vous écouter ?
Non ; quoiqu'à vos discours l'esprit veuille se rendre ;
Le cœur moins convaincu ne sauroit les entendre.

D. PHILIPPE.

Si je vous disois tout, un trop juste dépit
Mettroit bien-tôt d'accord & le cœur & l'esprit.

ET L'INDISCRETTE.

Par un mot, un seul mot, je confondrois mon frere;
Mais je veux bien encor...

LE ROI.
Quel est donc ce mystere ?

D. PHILIPPE.
Si Clarice le veut, elle peut l'éclaircir ;
Faites parler son cœur.

Dona BÉATRIX.
Comment donc ? La noircir
Dans l'esprit du roi ! Vous ! Lorsque votre tendresse
Devroit tout employer pour cacher sa foiblesse ?

LE ROI.
Sa foiblesse ? Ah ! Qu'entens-je ? Et quels soupçons
    affreux !...

D. FERNAND.
Sire, défiez-vous d'un complot dangereux ;
On veut me perdre.

LE ROI.
Non ; je connois votre frere ;
Et ne condamne en lui qu'un zéle trop austere,
Contre mes passions prompt à se soulever :
Il ne veut point vous perdre ; il cherche à me sauver.

D. FERNAND.
Quoi, Sire, vous croyez ?...

LE ROI.
Je vous rendrai justice.
Mais sur ce que j'entens, il faut qu'on m'éclaircisse.
D'un doute injurieux mon esprit est blessé.
Madame achevera ce qu'elle a commencé.
J'attens d'elle un aveu clair, précis, & fidéle.

D. FERNAND au roi.
Mon sort dépendra-t-il ?...

LE ROI à D. Philippe & à Clarice.
Qu'on me laisse avec elle.
[à D. Fernand, d'un ton irrité.]
Sortez.

D. FERNAND *bas à Dona Béatrix.*
Je suis perdu, si dans cet entretien...
Dona BÉATRIX *bas à D. Fernand.*
Comptez sur ma prudence, & n'appréhendez rien.

―――――――――――――――――

SCENE XI.

LE ROI, Dona BÉATRIX.

Dona BÉATRIX *à part.*
Voici l'occasion de la faire paroître.

LE ROI.

Madame, je pourrois prendre le ton de maître ;
Et me servir ici de mon autorité,
Pour vous faire parler avec sincérité.
Mais je vous connois trop, pour avoir lieu de craindre
Que jusqu'à m'imposer vous puissiez vous contraindre.
Ce que vous me direz ne fera point d'éclat.
Je sais me modérer.

Dona BÉATRIX *à part.*
Le pas est délicat ;
Et j'ai besoin ici de toute ma sagesse.

LE ROI.
Parlez à cœur ouvert.

Dona BÉATRIX.
Votre délicatesse,
Sire (vous m'ordonnez de parler franchement.)
Vous force à desirer un éclaircissement.
Mais oserai-je ici dire ce que je pense ?
Vous devriez plûtôt m'ordonner le silence.

LE ROI.
Et par quelle raison ?

Dona

ET L'INDISCRETTE.

Dona BÉATRIX.
  Vous pouvez être heureux,
Et l'amour se dispose à combler tous vos vœux.
Mais chercher des défauts dans l'objet que l'on aime,
A sa félicité c'est s'opposer soi-même.

LE ROI.
Non ; il faut m'expliquer ce que vous avez dit.

Dona BÉATRIX.
Sire, cela doit-il occuper votre esprit ?

LE ROI.
Sans doute.

Dona BÉATRIX.
  C'est un fait de si peu d'importance
Qu'il ne mérite pas seulement qu'on y pense.

LE ROI.
Toutefois Dom Philippe en parloit autrement.

Dona BÉATRIX.
Son indiscrétion me révolte.

LE ROI.
  Comment ?

Dona BÉATRIX.
Peut-on faire d'un rien une importante affaire ?
Je suis bien plus prudente ; & je saurai me taire.

LE ROI.
Mais quand je veux qu'on parle, il est bon d'obéir.

Dona BÉATRIX.
Parler sur ce sujet, ce seroit vous trahir.

LE ROI.
Non ; vous savez combien Clarice m'intéresse.
On devroit, disiez-vous, me cacher sa foiblesse,
Et vous trouviez mauvais que l'on m'ouvrît les yeux ;
Qu'on me désabusât ; mais c'est ce que je veux.
Vous avez commencé ; continuez, Madame.
Clarice ressent-elle une secrette flamme ?

M'a-t-on ravi son cœur ? Quelqu'un l'a-t-il surpris ?
Dona BÉATRIX.
Un cœur trop innocent est aisément épris ;
Mais les impressions qui peuvent le surprendre,
Ne tiennent pas long-temps: oui, lorsqu'un roi si tendre,
Si jeune, si charmant, prétend les effacer,
Il n'a qu'à dire un mot ; & c'est vous abaisser
Que de craindre...
LE ROI.
Ainsi donc, vous convenez vous-même
Qu'il est quelque mortel, dont le bonheur extrême
A prévenu mes vœux ?
Dona BÉATRIX.
Hé ! Quand cela seroit,
Sire, à votre bonheur rien ne s'opposeroit.
LE ROI.
Mais Clarice aime donc, & n'a pû s'en défendre ?
Dona BÉATRIX.
Après tout, s'il est vrai qu'on ait pû la surprendre,
La gloire de se voir dans un rang éminent
Lui doit faire bien-tôt oublier Dom Fernand.
LE ROI.
Dom Fernand ! C'est pour lui que son cœur se déclare ?
Dona BÉATRIX.
On a cru l'entrevoir.
LE ROI.
L'événement est rare.
Dona BÉATRIX.
Et même très-heureux. Car fut-il adoré,
D'un zéle trop parfait il se sent pénétré,
Pour profiter d'un foible à vos vœux si contraire.
Non, Sire, Dom Fernand n'aspire qu'à vous plaire ;
Et pour vous le prouver, sans rien exagérer,
Je sai un incident qu'il faut vous déclarer ;
Tantôt devant moi-même il a pressé ma niéce
De l'oublier pour vous, de vaincre sa foiblesse,

ET L'INDISCRETTE.

LE ROI.

Dom Fernand fait qu'on l'aime ?

Dona BÉATRIX.

Oui, Sire, en vérité :
Vous devez récompenfe à fa fidélité.

LE ROI *en fouriant.*

En effet, je ne puis affez la reconnoître ;
Et ma reconnoiffance à l'inftant va paroître.

[*à part.*]

De quel myftere affreux je viens d'être informé !
Il faut que par Clarice il me foit confirmé.

SCENE XII.

Dona BÉATRIX *feule.*

IL fort très-fatisfait ; &, grace à ma fageffe,
On va revoir ici le calme & l'allégreffe.

Fin du quatriéms acte.

ACTE V.

SCENE PREMIERE.

D. FERNAND.

O CIEL! On m'a perdu, je n'en puis plus douter;
Ma disgrace est enfin sur le point d'éclater:
Je n'ai pû voir le roi. Les courtisans soupçonnent
Le péril où je suis, & déja m'abandonnent:
Ceux même qu'aux emplois j'ai pris soin d'élever,
Evitent mon abord, ou semblent me braver.
Tandis que tout me fuit, la foule est chez mon frere,
Et je me trouve seul. Quel revers! Mais j'espere...
Eh, que puis-je espérer!

SCENE II.

D. FÉLIX, D. FERNAND.

D. FERNAND.

Vous me l'aviez prédit;
Je perds tous mes amis en perdant mon crédit.

D. FÉLIX.

Il n'est point de grandeur qui soit inébranlable,
Et qui mette à couvert d'un revers effroyable.
Un instant nous éléve, un instant nous détruit;
Et, par l'événement, vous voilà trop instruit.

D. FERNAND.
Quoi, venez-vous vous-même augmenter ma misere?
D. FÉLIX.
Non. Votre adversité vous rend le cœur d'un pere
Insensible aux malheurs qui causent vos soupirs,
Mais prompt à soulager vos cruels déplaisirs.
Le ciel vous rend à vous ; acceptez un asyle,
Et venez avec moi vivre heureux & tranquille.
D. FERNAND.
Ah! Seigneur, vos plaisirs ne sont pas faits pour moi ;
Votre tranquillité m'inspire de l'effroi.
Moi, dans la solitude, en proie à mes pensées,
J'irois me consoler de mes grandeurs passées,
Et du comble d'honneurs où j'allois parvenir ?
Quel état languissant ! Peut-on le soutenir ?
Non, non, dans cet état je vivrois misérable ;
Et serois à moi-même un poids insupportable.
Un cœur tel que le mien déteste le repos.
Pour moi, la vie obscure est le plus grand des maux ;
Et, pour m'en préserver, innocent ou coupable,
Il n'est aucun effort dont je ne sois capable.
D. FÉLIX.
Y pensez-vous, mon fils? Quel est votre dessein?
D. FERNAND.
Je veux parler au roi.
D. FÉLIX.
Vous le verriez en vain ;
Votre aspect ne feroit qu'irriter sa colere.
D. FERNAND.
Voilà ce que je dois aux vertus de mon frere ;
L'ingrat fait son devoir de me désespérer.
D. FÉLIX.
Ce qu'il fait contre vous doit le faire admirer :
Loin de le condamner, je l'approuve & le loue.
D. FERNAND.
Contre moi vainement votre amitié l'avoue.

K iij

Je ne veux voir le roi qu'un quart-d'heure, un instant,
Et je reprens sur lui mon premier ascendant.
D. FÉLIX.
Ne vous en flattez point, & connoissez un maître,
Que jusques à présent vous n'avez pû connoître,
Mais dont les yeux ouverts cherchent la vérité,
Et le sauvent du piége où vous l'avez jetté.
Gardez-vous, croyez-moi, d'en attendre la preuve.
D. FERNAND.
Quoi qu'il puisse arriver, j'en veux faire l'épreuve.
D. FÉLIX.
Ciel ! Quel aveuglement produit l'ambition !
Mon fils, que votre état me fait compassion !
Que je suis affligé de ce désordre extrême !
Ouvrez, ouvrez les yeux, & vous verrez vous-même
Que votre esprit séduit mettoit un trop haut prix
A des biens qu'un grand cœur regarde avec mépris;
Que vous idolâtrez une vaine chimere.
D. FERNAND.
Toutefois vous voyez qu'elle charme mon frere;
C'est pour en jouir seul qu'il agit contre moi.
D. FÉLIX.
Il n'agit contre vous, que pour servir son roi.
D. FERNAND.
A ses fausses vertus je ne rens point hommage :
Il croit que le malheur abattra mon courage;
Que, sans aucun combat, je vais tout lui céder :
Mais c'est dans le péril qu'il faut tout hazarder;
C'est dans l'adversité qu'un grand courage brille.
Au surplus, j'ai pour moi l'infante de Castille;
Sur l'esprit de son frere elle a trop de pouvoir
Pour souffrir qu'on m'opprime; & bien-tôt...
D. FÉLIX.
                                        Vain espoir !
Du plus ardent dépit la princesse est frappée.
Vous feigniez de l'aimer, mais on l'a détrompée;

Elle sait que Clarice occupe votre cœur :
N'attendez de sa part que haine & que fureur.

D. FERNAND.

O fortune ! Ainsi donc, pour arrêter ma course,
Tu viens de m'enlever ma derniere ressource.
Que dis-je, ma derniere ? Ah ! J'en saurai trouver
Pour périr glorieux, ou pour me relever.

D. FÉLIX.

Ne suivez point, mon fils, un aveugle courage ;
Venez, rentrez au port, & cédez à l'orage.

D. FERNAND.

Je bouleverserai plûtôt tout l'univers,
Que de souffrir l'horreur d'un si cruel revers.

D. FÉLIX.

Par pitié pour vous-même, écoutez votre pere.

D. FERNAND.

Non, je n'écoute plus que ma juste colere.

D. FÉLIX.

Adieu. Puisque mon cœur te sollicite en vain,
Ingrat, je t'abandonne à ton mauvais destin.

SCENE III.

D. FERNAND seul.

O Pouvoir ! O grandeur ! Seuls objets que j'envie,
Soutiendrai-je sans vous ma déplorable vie ?
Quoi que vous me coûtiez, revenez à l'instant ;
Périssant avec vous, je périrai content.

L'AMBITIEUX,

SCENE IV.

D. FERNAND, Dona BÉATRIX.

Dona BÉATRIX.
AH! Seigneur, vous voici.

D. FERNAND.
La fortune infidelle
S'écarte loin de moi; tout me fuit avec elle.
Je suis dans la disgrace, & je n'ai plus d'amis.
Votre indiscrétion m'a perdu.

Dona BÉATRIX.
Je gémis,
Je pleure, je m'agite, & suis désespérée.
Du palais des honneurs vous m'ouvriez l'entrée;
Je l'ai fermé moi-même, & pour vous, & pour moi;
Mais je m'en punirai. Je m'impose la loi
De ne plus dire un mot, & me voue au silence.

D. FERNAND.
Madame, c'est trop tard vous faire violence.
Le mal est fait.

Dona BÉATRIX *d'un ton audacieux.*
Seigneur, je le réparerai.
Le roi va revenir, & je lui parlerai,
Et malgré Dom Philippe : & j'ose vous promettre
Que dans votre splendeur je m'en vais vous remettre.
Oui, j'employerai tant d'art, & d'esprit, & de feu...

D. FERNAND *très-vivement.*
Eh! Madame, de grace, observez votre vœu;
Pour vous, comme pour moi, vous ne pouvez mieux
  faire.

Dona BÉATRIX.
Notre ennemi triomphe, & je pourrai me taire?

ET L'INDISCRETTE.

Il ne sera pas dit qu'ayant causé le mal,
Je vous laisse essuyer un revers si fatal.
J'ai sû, dans ce moment, faire une découverte,
Qui, peut-être, pourra retarder votre perte :
Ecoutez, il s'agit d'un important secret.

D. FERNAND.

Quel est-il ?

Dona BÉATRIX.

Je passois auprès du cabinet,
Il étoit entr'ouvert ; &, sans être apperçûe,
J'ai satisfait long-temps mon oreille & ma vûe.
» Votre Altesse bien-tôt, (disoit l'ambassadeur)
» Pourra paroître ici dans toute sa splendeur.
» Oui, Princesse, (a repris à l'instant Dom Philippe)
» Il faut vous découvrir, l'obstacle se dissipe :
» Dès qu'on vous connoîtra, vous obtiendrez la paix ;
» Je veux qu'un double hymen l'affermisse à jamais,
» Et rétablisse enfin une union sincere
» Entre le roi mon maître, & le roi votre frere.
Il faut que Dom Philippe ait perdu la raison,
Ou qu'il ait près de lui l'Infante d'Arragon.

D. FERNAND.

Ah! Vous m'ouvrez les yeux ; & cette confidente,
Fille de Dom Louis, elle-même est l'Infante :
Oui, plus j'y réfléchis, & moins j'en puis douter.

Dona BÉATRIX.

Vous voyez qu'il est bon quelquefois d'écouter.
Hé bien, que pensez-vous de cette découverte ?

D. FERNAND.

Qu'étant faite par vous elle avance ma perte ;
Mais, que si vous pouviez renfermer ce secret,
Je pourrois réparer tout le mal qu'il m'a fait.

Dona BÉATRIX.

Est-il possible ? O ciel !

D. FERNAND.

J'en conçois l'espérance.

Dona BÉATRIX.

Pour la seconde fois je me voue au silence :
Sur cet événement faites réflexion,
Et comptez désormais sur ma discrétion.

SCENE V.

D. FERNAND seul.

O Ciel ! Quel incident ! Quelle heureuse ressource !
La fortune m'invite à prendre une autre course :
Et, puisque la Castille a juré mon malheur,
Il faut que l'Arragon... Voyons l'ambassadeur ;
Et rompons un traité trop honteux à ce prince.
Il achete la paix au prix d'une province :
A l'Infante sa sœur allons offrir mon bras ;
Je veux la mériter, ou qu'un noble trépas,
Fruit de mon désespoir, rétablisse ma gloire.
Je puis en Arragon transporter la victoire ;
J'en ai de sûrs moyens... Que dis-je, malheureux ?
A quel horrible excès j'ose porter mes vœux !
De mon ambition détestable furie !
J'oserai trahir, qui ? Mon maître & ma patrie !
Par ce double attentat je pourrois m'élever !
O toi, que je bravois, Amour, vien me sauver !

SCENE VI.

D. FERNAND, Dona CLARICE.

Dona CLARICE.

UN discours indiscret a causé votre perte ;
Seigneur, l'occasion qui vient de m'être offerte,
Peut encor vous sauver. Le roi va revenir.
Je l'attens. Sans témoin il veut m'entretenir.
Peut-être il doute encor. Je croi que par moi-même
Il cherche à pénétrer à quel point je vous aime.

D. FERNAND.

Puisqu'il veut vous revoir, j'ai lieu de le penser.
Tantôt en niant tout, je l'ai fait balancer.
Son cœur combat pour vous. Il attend pour se vaincre
Que de nos feux secrets il puisse se convaincre.
Mais qu'allez-vous lui dire ?

Dona CLARICE.

Hélas ! Je n'en sai rien.
Je viens vous consulter. S'il est quelque moyen
De calmer son courroux, tâchez de m'en instruire.
Je voudrois m'en servir, & je crains de vous nuire.
Que n'ai-je assez d'esprit pour cacher mon secret ?
Déja plus d'une fois j'ai formé ce projet.

D. FERNAND.

Je ne puis me sauver que par votre artifice ;
Mais malgré vos bontés il faut que je périsse.
On peut, vous suggérant un langage trompeur,
Y former votre esprit & non pas votre cœur.

Dona CLARICE.

Que je suis malheureuse ! Hé quoi ? Jusques à feindre,
Je ne pourrai donc pas un moment me contraindre ?

Et faire violence à tous mes sentimens?
Donnez-m'en les moyens; & si je vous démens...?
Que faut-il dire au roi? Dictez-le-moi vous-même.

D. FERNAND.

Que vous l'aimez.

Dona CLARICE.

Qui, moi? Lui jurer que je l'aime?
Ah! Qu'il me coûteroit, cèt aveu si trompeur!

D. FERNAND.

Laissez-moi donc périr.

Dona CLARICE.

Rassurez-vous, Seigneur.

D. FERNAND.

En vain à mes malheurs vous êtes si sensible:
Vous ne pourrez...

Dona CLARICE.

Pour vous rien ne m'est impossible?
Et sur moi je vais faire un si puissant effort,
Que ma bouche & mon cœur ne seront plus d'accord.
Je vous perds pour jamais. Mais, Seigneur, il n'importe.
L'ardeur de vous servir doit être la plus forte.
Pour la premiere fois je vais dissimuler.

D. FERNAND.

Obtenez que le roi daigne encor me parler.
S'il m'entend un moment, je vais rentrer en grace;
Et si de ses soupçons il reste quelque trace,
Je saurai l'effacer; & dès le même instant
Je veux lui révéler un secret important.

SCENE VII.

Dona CLARICE *seule*.

O Ciel! Qu'ai-je entrepris? Aurai-je l'assurance...
Moi, feindre? Moi, tromper? Je frémis quand j'y pense.
Mon cœur, mon foible cœur, me le permettras-tu?
Quel reproche il me fait, & qu'il est combattu!
Mais j'apperçois le roi.

SCENE VIII.

LE ROI, Dona CLARICE, UN GARDE.

LE ROI.

Je croi, belle Clarice,
Que vous n'userez point avec moi d'artifice;
Sûr de votre innocence, & de votre candeur,
Je sai que je vais lire au fond de votre cœur:
Ses secrets sentimens sont ce qui m'intéresse.
Tantôt je vous ai fait l'aveu de ma tendresse.
Je me suis rappellé cent fois notre entretien.
En m'ouvrant votre cœur vous séduisiez le mien,
Et s'il faut déclarer enfin ce que je pense,
Aveuglé par l'amour, j'en ai cru l'apparence,
Et je prenois pour moi, par trop d'empressement,
Tout ce que vous disiez en faveur d'un amant.
Vous ne me trompiez pas. Je me trompois moi-même;
Et je n'impute rien qu'à ma foiblesse extrême.
Vous tremblez!

Dona CLARICE *à part.*

Ma frayeur va bien-tôt m'accuser.
Ah ! Qu'un cœur innocent sait mal se déguiser !

LE ROI.

Que me répondez-vous ?

Dona CLARICE.

Hélas ! Que vous répondre !
Sire, le seul soupçon suffit pour me confondre.

LE ROI.

Pourquoi tant de frayeur ? Suis-je un cruel tyran ?
Je ne veux que deux mots. Aimez-vous Dom Fernand ?
M'aimez-vous ?

Dona CLARICE.

Quoi ? Mon cœur insensible à la gloire
Que vous daignez m'offrir ?... Pourquoi voulez-vous croire
Qu'il ose dédaigner ?...

LE ROI.

Expliquez-vous sans fard.
Vous voulez m'imposer ; vous en ignorez l'art.
Quoi donc ? A m'obéir rien ne peut vous contraindre ?
Je vais punir celui qui vous apprend à feindre :
Ses jours m'en répondront ; & dans l'instant...

Dona CLARICE.

Hélas !
Du crime de mon cœur ne le punissez pas.
Suspendez la rigueur d'un arrêt redoutable.
Si j'ai tâché de feindre, il n'en est pas coupable.

LE ROI.

Vous l'aimez ?

Dona CLARICE.

Je l'adore, & vous verrez ma mort,
Si de votre courroux vous suivez le transport.

LE ROI.

Son sort dépend de vous.

Dona CLARICE *avec transport.*
De moi ?
LE ROI.
Oui, de vous-même.
Dona CLARICE.
Mais à quel prix ?
LE ROI.
Il faut m'avouer qu'il vous aime.
Dona CLARICE.
Ah ! Si je vous l'avoue, il est perdu.
LE ROI.
J'entens.
L'aveu qui vous échappe est tout ce que j'attens.
Je vois à quel excès vous êtes alarmée ;
Vous n'aimeriez pas tant, si vous n'étiez aimée.
[*au Garde.*]
Qu'on dise à Dom Fernand que je veux lui parler.

SCENE IX.

LE ROI, Dona CLARICE.

LE ROI *à part.*

LE traître ! Avec quel front il fait dissimuler !
Mais malgré ses détours & son adresse à feindre,
Pour lire dans son cœur, je m'en vais me contraindre.
Heureux, si je pouvois, en voulant l'éprouver,
Y voir les sentimens que j'y devrois trouver.
Il vient. Voyons enfin s'il poussera l'audace
Jusqu'à nier encor...

SCENE X.

LE ROI, D. FERNAND,
Dona CLARICE.

D. FERNAND.

Me faites-vous la grace,
Malgré mes ennemis, de vouloir m'écouter,
Sire ; & de ce bonheur puis-je encore me flatter ?
Je ne viens point ici vous rappeler mon zéle,
Ni les heureux succès d'un serviteur fidéle.
Mon respect me soumet à votre volonté ;
Mais, Sire, vous pouvez savoir la vérité.
Clarice est devant vous. Son cœur sans artifice
A dû faire pour moi pencher votre justice.
On ose m'accuser de vous avoir trompé :
Un si cruel soupçon doit être dissipé ;
Et j'ose me flatter que celle qui m'écoute,
Sur ma sincérité ne vous laisse aucun doute.

LE ROI.

Oui. Par son témoignage à la fin éclairci,
Je sai ses sentimens & les vôtres aussi ;
Je ne balance plus, & démêle sans peine
Tous ceux à qui je dois mon estime ou ma haine.

D. FERNAND.

Ah ! Je ne dois donc plus craindre votre courroux,
C'est à mes ennemis d'en ressentir les coups ;
Et je pourrois d'un mot perdre qui m'a su nuire.

LE ROI.

Parlez : je dois savoir...

D. FERNAND.

Je vous obéis, Sire :

Je révéle à regret des complots odieux.
Vos faveurs, mes exploits m'ont fait des envieux,
Qui, moins pour vous servir, que pour ternir ma gloire,
Sauvent un ennemi, que bien-tôt la victoire
Auroit mis dans vos fers. Ce n'est point un soupçon.
Je sai qu'on vous trahit pour le roi d'Arragon.

LE ROI.

On me trahit ? Comment ? Et quel est donc le traître ?

D. FERNAND.

Mon silence suffit pour le faire connoître :
Mon cœur s'émeut pour lui. Daignez me dispenser
De nommer...

LE ROI.

   Votre frere ? Osez-vous le penser ?
Dom Philippe est fidéle ; & j'en ai fait l'épreuve.
Vous me trompez.

D. FERNAND.

   Hé bien, puisqu'il en faut la preuve,
Je puis la donner.

LE ROI.

Vous ?

D. FERNAND.

   J'apprens en ce moment
Ce que je vais vous dire avec fremissement.
O ciel ! Dans quel péril on jette la Castille !
Celle que Dom Louis fait passer pour sa fille,
Et qui méme à vos yeux se produit sous ce nom,
C'est... Le croiriez-vous ?

LE ROI.

   Qui ?

D. FERNAND.

   L'Infante d'Arragon.

LE ROI.

L'Infante d'Arragon !

D. FERNAND.
Sire, c'est elle-même:
On n'en peut plus douter.
LE ROI.
Ma surprise est extrême !
Que fait-elle à ma cour ?
D. FERNAND.
Avec elle en secret,
Mon frere, du traité concerte le projet;
Et vous pouvez juger que la double alliance
Est le fruit dangereux de cette intelligence.
De-là, tous les efforts qu'on a faits contre moi.
Je n'ai point d'intérêt que celui de mon roi ;
On le sait : mais on veut que la paix soit conclue;
J'ose la traverser; ma perte est résolue.
D'un crime impardonnable, on tâche à me noircir.
Mais...
LE ROI.
Clarice est sincere, & vient de m'éclaircir.
Je sai à votre égard tout ce que je dois croire.
D. FERNAND.
Ah ! Si vous le savez, je vais goûter la gloire
De triompher enfin d'un ministre jaloux,
Qui met tout son bonheur à m'éloigner de vous.

SCENE XI.

LE ROI, D. PHILIPPE, D. FERNAND, Dona CLARICE.

D. PHILIPPE.

AH ! Sire, pardonnez si je suis téméraire
Jusqu'à vouloir fléchir votre juste colere.

Si mon zéle pour vous a jamais éclaté,
J'en demande le prix à votre Majesté.
La grace de mon frere est le seul où j'aspire :
Daignez me l'accorder. Je la demande, Sire,
Avec toute l'ardeur & tout l'empressement,
Qui peuvent adoucir votre ressentiment.

D. FERNAND.

Sans user près du roi d'un si froid stratagême,
Qui va, dès cet instant, tourner contre vous-même;
Tâchez de le fléchir, non pour moi, mais pour vous,
Que votre crime expose à son juste courroux.

D. PHILIPPE.

Moi, je suis criminel, mon frere ?

D. FERNAND.

        Oui, vous l'êtes.
Quelle couleur donner à tout ce que vous faites ?
Comment justifier tant de ressorts secrets,
Que vous faites agir pour hâter vos projets ?

D. PHILIPPE.

Mon unique projet est de servir mon maître.

D. FERNAND.

Dites son ennemi. L'on a su reconnoître
Celle qui vous engage à le servir si bien.

D. PHILIPPE.

Je vous entens : par là vous ne prouverez rien
Qui me rende coupable, & qui vous justifie.

D. FERNAND.

Quoi ? Quand cette princesse en vous seul se confie ?
Quand vous seul ?...

D. PHILIPPE.

     Ce secret n'a rien que d'innocent,
Depuis plus de deux mois, par un effort puissant,
Je tâche d'arrêter une guerre onéreuse
Par les conditions d'une paix glorieuse.
Le roi m'en est témoin ; je n'attefte que lui ;
Et je saurai prouver que ce n'est qu'aujourd'hui

Que j'ai connu l'Infante, en dépit d'elle-même.
Elle n'est point ici par un ordre suprême ;
Et son propre intérêt l'attire à cette cour,
C'est son unique objet.
LE ROI.
Hé, quel est-il ?
D. PHILIPPE.
L'amour.

Oui, votre gloire, Sire, en tous lieux répandue,
A charmé la princesse ; & sans être connue,
Elle a voulu savoir & juger par ses yeux
Si vous confirmeriez des bruits si glorieux.
Je sai qu'elle a pour vous la plus vive tendresse :
Mais ayant soupçonné que vous aimiez ma nièce,
Elle étoit sur le point de quitter votre cour.
A peine ai-je obtenu le reste de ce jour,
Afin d'en profiter, en employant mon zéle
Pour vous déterminer à prononcer pour elle.
LE ROI à D. Philippe.
Qu'on cherche Dom Louis. Je veux dès ce moment..à
D. PHILIPPE.
L'Infante est avec lui dans mon appartement.
LE ROI à D. Philippe.
Avec l'ambassadeur priez-la de paroître ;
Mais ne lui dites point que l'on m'a fait connoître
Sa naissance & son rang, que je veux ignorer
Jusqu'à ce qu'il soit temps de le lui déclarer.

SCENE XII.

LE ROI, D. FERNAND, Dona CLARICE.

D. FERNAND.

IL tâche d'effacer un soupçon légitime,
Et croit vous éblouir en colorant son crime ;
Mais à votre prudence on ne peut imposer.
Quoique pour me bannir il ose m'accuser
D'être votre rival, d'être aimé de Clarice,
J'ose tout espérer d'un roi, dont la justice
A toujours éclaté pour ses moindres sujets.
J'en fais mon bouclier : & ne crains désormais,
Que le trop prompt effet des projets de mon frere.
Il ne sait que parler, mais mon bras peut tout faire.

SCENE XIII.

LE ROI, L'INFANTE D'ARRAGON, D. LOUIS, D. PHILIPPE, D. FERNAND, Dona BÉATRIX, Dona CLARICE.

LE ROI à D. Louis.

ENfin à l'Arragon je veux donner la paix,
Et par un double hymen l'affermir à jamais.

D. FERNAND.

O ciel ! Je suis perdu.

LE ROI à D. Louis.

C'est à quoi je m'engage.

L'AMBITIEUX,

[à l'Infante.]

Je m'y suis résolu sur votre témoignage.
Voyez, auprès de moi quel est votre crédit,
Madame ; & rappellez ce que vous m'avez dit ;
Que votre air, que vos traits représentoient l'Infante.
Si vous lui ressemblez, l'image est si charmante,
Qu'à l'objet qu'elle peint, je suis prêt de jurer
Tout ce qu'en sa faveur l'amour peut desirer.
De ma foi, de mon cœur, présentez-lui l'hommage.
Je vous charge du soin d'accomplir votre ouvrage.

L'INFANTE.

L'infante d'Arragon va faire son bonheur
De payer ce présent par le don de son cœur.
Vous l'aurez pour jamais, en lui donnant le vôtre,
Qu'on disoit que l'amour destinoit pour une autre.

LE ROI *baisant la main de l'Infante.*

Non, divine Princesse ; il sera tout à vous.

L'INFANTE *se jettant aux pieds du roi.*

Ah ! Sire, pardonnez...

LE ROI *la relevant.*

Acceptez un époux,
Qu'un traité que j'approuve, aujourd'hui vous assure.
Mais il est temps aussi de venger mon injure.

[à D. Fernand.]

Tu vois que tes discours ne m'ont point imposé;
Mes yeux se sont ouverts ; je suis désabusé.
Toutes tes trahisons adroitement voilées,
Par toi-même à la fin m'ont été révélées.
Oui, ton frere, ton roi, jusqu'à ta passion,
Tu sacrifiois tout à ton ambition.
Jamais on n'a plus loin poussé la perfidie.
Tu devrois sur le champ la payer de ta vie ;
Mais ma clémence impose à mon ressentiment.
Qu'un éxil rigoureux borne ton châtiment.
Sors de ma cour, ingrat ; je sens que ta présence
Ne pourroit y souffrir la paix & l'innocence.

ET L'INDISCRETTE.

Je destine à Clarice un autre époux que toi.
[*D. Fernand sort.*]

Dona CLARICE.

Ah ! Ne m'imposez pas une si dure loi.
Au lieu de le punir, c'est me punir moi-même.
Plus il est malheureux, plus je sens que je l'aime.
En vain, à Dom Fernand on voudroit m'arracher,
Puisqu'un roi si charmant n'a pû m'en détacher.
Partager sa disgrace, est toute mon envie.
Si vous nous séparez, il y va de ma vie :
Oui, Sire, à vos genoux j'expire en ce moment,
Si vous me condamnez à cet affreux tourment,

L'INFANTE *au roi.*

Oserois-je me joindre à l'aimable Clarice ?
Souffrez qu'en sa faveur mon ame s'attendrisse.
Accordez-lui l'époux que demande son cœur :
Vous me rendrez heureuse, en faisant son bonheur.

LE ROI.

Je vous entens, Madame ; il faut vous satisfaire :
Je n'ai plus de desir, que celui de vous plaire ;
Et je vais vous prouver que je suis pour jamais
Uniquement soumis à vos divins attraits.
C'en est fait ; je me rens. Rassurez-vous, Clarice,
Je remplirai vos vœux ; mais je ferai justice.
[*à l'Infante.*]
Vous, venez recevoir & mon cœur & ma foi.

SCENE DERNIERE.

D. PHILIPPE, Dona BÉATRIX.

Dona BÉATRIX.

Vous voilà bien content ! Vous restez près du roi,
Votre frere vivra vis-à-vis de sa femme ;

Moi, vis-à-vis de vous. Les beaux exploits !
D. PHILIPPE.
Madame,
Votre zéle indiscret, disons la vérité,
Nuit plus à Dom Fernand que ma fidélité.
Comment n'auriez-vous pas la fortune contraire ?
Il n'a pû se borner ; vous n'avez pû vous taire.
L'exil est un reméde à son ambition :
Puissai-je en trouver un pour l'indiscrétion !

FIN.

L'ENFANT GASTÉ,
COMÉDIE.

ACTEURS.

Madame ARGANTE.

SOPHIE,
PULCHÉRIE, } filles de Madame Argante.

Monsieur DE BONACCUEIL, frere de Madame Argante.

LISETTE, suivante de Sophie.

DORANTE, homme de robe.

Monsieur DE NEUCHATEAU, Financier.
LE COMTE DU TOUR.
LE MARQUIS.
} Amans de Pulchérie.

La scène est à Paris, chez Madame Argante.

L'ENFANT GASTÉ,
COMÉDIE.

SCENE PREMIERE.

M. DE BONACCUEIL, LISETTE.

LISETTE.

H, Monsieur! Vous voilà revenu de Champagne!

M. DE BONACCUEIL.

Oui ; mais, avec regret, j'ai quitté ma campagne,
Où la belle saison m'invitoit à rester :
A mon bon naturel je n'ai pû résister.
Quoique ma folle sœur m'ait joué mille piéces ;
Son intérêt m'est cher ; ses filles sont mes niéces ;
Je les aime toujours, & veux absolument
Assurer au plûtôt leur établissement :

L'ENFANT

Je travaille sur-tout à celui de l'aînée,
Qui s'éloigne un peu trop de sa vingtiéme année;
Et qui reste à pourvoir, dont je suis très-marri.
Toute fille, à cet âge, a besoin d'un mari.

LISETTE.
Je ne le sai que trop.

M. DE BONACCUEIL.
Oh! Je te croi.

LISETTE.
J'espere
Que vous voudrez aussi me tenir lieu de pere.

M. DE BONACCUEIL.
Va, va, j'y penserai.

LISETTE.
Le plûtôt vaut le mieux.
J'ai de fortes raisons...

M. DE BONACCUEIL.
Je les vois dans tes yeux,
Friponne. Mais songeons à ma chere Sophie.

LISETTE.
C'est votre bien-aimée.

M. DE BONACCUEIL.
Oui, je te le confie,
Elle est ma favorite, & l'a bien mérité :
Il ne lui manque rien, qu'un peu plus de beauté.
Quels talens! Quel esprit! Je l'estime, je l'aime
Parce que je suis sûr qu'elle est la raison même;
Qu'elle joint la sagesse à l'agréable humeur,
Le fin discernement à la bonté du cœur;
Digne de recevoir l'encens de tous les hommes,
Si nous ne vivions pas dans le siécle où nous sommes;
Siécle injuste, pervers! où le goût fasciné
Par l'extérieur seul est d'abord entraîné.

LISETTE.
Ah! Que vous dites vrai!

M. DE BONACCUEIL.
　　　　　　　　N'est-ce pas une honte,
Que de tant de mérite on ne fasse aucun compte,
Qu'à l'aimable Sophie on préfere une sœur
Qui n'a d'autre talent qu'un minois enchanteur,
Qui gâte une beauté parfaite & surprenante,
Par une humeur hautaine, & même impertinente;
Et par un esprit vain, dont l'idiot orgueil
A l'hommage d'un roi feroit un froid accueil ?
　　　LISETTE.
Oui ; mais le pis de tout, c'est que sa sotte mere
(Pardonnez si je suis avec vous si sincere)
L'idolâtre, la perd, l'applaudit ; qui plus est,
Lui permet de parler, d'agir comme il lui plaît :
Et, loin de s'opposer à mille extravagances,
Semble se faire honneur de ses impertinences.
La modeste Sophie, à chaque occasion,
Exposée, au contraire, à son aversion,
N'en reçoit que rebuts, que duretés, qu'injures,
Ce qui cause céans mille secrets murmures ;
J'en ai le cœur percé ; je n'y puis plus tenir.
　　　M. DE BONACCUEIL *attendri*.
Et la pauvre Sophie ?
　　　LISETTE.
　　　　　　Elle a sû se munir
D'un fond de patience incroyable, invincible,
Qu'elle a l'art de pousser jusques à l'impossible.
Mais je lis dans son cœur, malgré tous ses efforts ;
Elle pleure en dedans, & ne rit qu'en dehors.
　　　M. DE BONACCUEIL.
Et voilà ce qu'on voit dans plus d'une famille :
On porte jusqu'au ciel une idole de fille,
Tandis qu'à sa fortune on immole ses sœurs,
Que pour elle on condamne à la retraite, aux pleurs.
Je veux bannir d'ici cette erreur trop commune,
Et de ma pauvre niéce empêcher l'infortune.

Va la chercher ; dis-lui que je l'attens ici.
Corbleu, nous allons voir...

LISETTE.

Ah ! Monsieur, la voici.

SCENE II.

M. DE BONACCUEIL, SOPHIE, LISETTE.

M. DE BONACCUEIL.

Vien, ma chere Sophie, embrasse-moi. Ta mere
Est une extravagante ; & je veux, en bon frere,
Redresser aujourd'hui son esprit fourvoyé.

LISETTE.

Oh, ma foi, tout le vôtre y doit être employé,
Et, s'il en vient à bout, c'est tout ce qu'il peut faire.

SOPHIE.

Lisette, taisez-vous, & respectez ma mere ;
Je ne saurois souffrir qu'on ose la blâmer.
Si d'elle, plus que moi, ma sœur se fait aimer,
Dois-je trouver mauvais, & voir comme une injure
Les effets d'un penchant qu'inspire la nature ?
Ne suit-on pas ses loix, parlons de bonne foi,
En aimant une sœur plus aimable que moi ?
Ma mere a le goût bon : je vois que tout le monde,
Loin de le condamner, l'approuve & le seconde.
Tout ce qui vient ici, court encenser ma sœur,
Sans qu'on daigne me dire un seul mot de douceur.
Je ferois donc en vain valoir le droit d'aînée ;
Pour vivre dans l'oubli je sens que je suis née ;
J'en ai pris le parti sans aigreur & sans fiel,
Et n'ai de volontés que les ordres du Ciel.

M. DE BONACCUEIL.

Le Ciel ordonne-t-il qu'une mere bifarre,
Par un aveugle inſtinct ſe conduiſe & s'égare;
Prodigue à votre ſœur tout ce qui peut flatter,
Et n'uſe de ſes droits que pour vous maltraiter ?
Je ne puis plus ſouffrir cet injuſte partage.
La plus rare beauté n'eſt qu'un frêle avantage,
Qu'un éclat paſſager, qui, bien qu'éblouiſſant,
Après avoir brillé, ſouvent meurt en naiſſant;
C'eſt un feu qui s'éteint au moment qu'il enflamme:
Mais la bonté du cœur, mais la beauté de l'ame,
L'eſprit & les talens, ſont des dons précieux,
Qui, n'étant point bornés à faſciner nos yeux,
Nous inſpirent pour eux un penchant légitime,
Et ſont l'objet conſtant d'une éternelle eſtime.
Voilà ce qui pour toi m'a toujours fait pencher.
En faveur de ta ſœur on a beau me prêcher,
Et tu veux vainement juſtifier ta mere.
En admirant l'effet de ton bon caractere,
Contre elle mon eſprit n'en eſt que plus aigri.
Je veux abſolument t'aſſurer un mari,
Et plûtôt que plus tard.

SOPHIE.

Mon oncle, rien ne preſſe.

LISETTE.

Mon Dieu, pardonnez-moi.

M. DE BONACCUEIL.

Ce point-là m'intéreſſe
Plus que toute autre affaire; & je vais,..

SOPHIE.

Vos bontés
N'attireront ſur moi que mille duretés.
Paroiſſez occupé de ma ſœur Pulchérie;
Dites que vous voulez qu'enfin on la marie:

M iiij

Infiftez feulement fur cet article-là,
Vous réuffirez mieux.
####### LISETTE.
Je conviens de cela.
Mais votre fœur, encor plus vaine que fa mere,
Veut devenir duchesse ; & c'eft là fa chimere.
M. DE BONACCUEIL.
Duchesse !
####### LISETTE.
Eh, oui, Monfieur. Sa fotte vanité
Ofe même afpirer à la principauté :
Bien-loin de s'en cacher, elle le dit fans cesse ;
J'en ai mille témoins.
M. DE BONACCUEIL.
Oh, parbleu, ma Princesse,
Je m'en vais vous laver la tête comme il faut,
Et je ferai tomber votre orgueil de fon haut.
####### SOPHIE.
Mon oncle, au nom du ciel, modérez votre bile.
M. DE BONACCUEIL.
Non ; je n'aurai pas fait un voyage inutile.
De tout ce que j'apprens je fuis honteux, confus.
Je prétens, au plûtôt, réformer tant d'abus.

[*Madame Argante entre, & entend les trois vers fuivans.*]

C'eft à moi de guider & la mere & la fille ;
Et je fuis, après tout, le chef de la famille.
Ma niéce ofe afpirer à la principauté !

SCENE III.

Madame ARGANTE, M. DE BONACCUEIL, SOPHIE, LISETTE.

Madame ARGANTE *paroissant brusquement.*
De quoi vous mêlez-vous ?
M. DE BONACCUEIL.
C'est fort bien débuté,
[*d'un ton haut.*]
Ma sœur.
Madame ARGANTE *du même ton.*
Mon frere.
M. DE BONACCUEIL.
Oh, oh, vous faites bien la fiere !
Madame ARGANTE *fierement.*
Je fais ce que je dois.
M. DE BONACCUEIL.
Est-ce là la maniere
Dont vous traitez ?...
SOPHIE *à Lisette.*
O ciel ! Ils vont se quereller.
M. DE BONACCUEIL *à Madame Argante.*
Taisez-vous, quand je parle.
Madame ARGANTE.
Et moi, je veux parler.
Revenez-vous ici pour y faire le maître ?
M. DE BONACCUEIL.
Si je ne le suis pas, désormais je veux l'être.
Madame ARGANTE.
C'est ce qu'il faudroit voir.
M. DE BONACCUEIL.
Et ce que vous verrez,
Ou de vos procédés vous vous repentirez.

Je sai comment punir votre vanité fole,
Et ne viens point chez vous encenser votre idole.

Madame ARGANTE.

Mon idole?

M. DE BONACCUEIL.

Oui, ma sœur, votre idole. Oh! Parbleu,
Vous osez me morguer, mais nous verrons beau jeu;
Et je vous apprendrai qu'une mere bien sage
Doit faire de son cœur un plus juste partage.

SOPHIE.

Mon oncle.

M. DE BONACCUEIL.
[à Sophie.]   [à Madame Argante.]
Taisez-vous. Vous vous corrigerez,
Ou bien...

Madame ARGANTE à Sophie.
Le beau sermon que vous me procurez!

SOPHIE.

Qui? Moi, Madame!

Madame ARGANTE.
Oui, vous.

M. DE BONACCUEIL.
C'est tout le contraire.
Avez-vous oublié que vous êtes sa mere?

Madame ARGANTE.
Je voudrois le pouvoir.

SOPHIE tendrement.
Eh! Que vous ai-je fait?

Madame ARGANTE froidement.
Rien. Vous me déplaisez; voilà tout.

M. DE BONACCUEIL.
En effet,
Quand on a dit cela, on a tout dit.

Madame ARGANTE.
Sans doute.

GASTÉ.

M. DE BONACCUEIL.

Or, écoutez, ma sœur.

Madame ARGANTE.

Hé bien, je vous écoute.

M. DE BONACCUEIL.

Je vois que Pulchérie a pris tout votre cœur,
Et qu'il n'en reste rien pour son aimable sœur.

Madame ARGANTE
avec un souris dédaigneux.

Aimable !

M. DE BONACCUEIL.

Aimable. Oui, je le soutiens encore.

Madame ARGANTE *d'un ton ironique.*

Oh ! Vous avez raison, tout le monde l'adore.

M. DE BONACCUEIL.

S'il ne l'adore pas, il devroit l'adorer.
On cherche la plus belle, on vient l'idolâtrer :
Mais, savez-vous pourquoi ? C'est que ceux qui raisonnent
Sont en très-petit nombre, & que les sots foisonnent :
On ne voit que cela. Voilà vos partisans ;
Voilà les gens qu'en foule on voit venir céans.
Mais moi, dont le bon sens fait la philosophie,
Qui vois le vrai mérite éclater en Sophie,
Qui connois son esprit, sa vertu, son bon cœur,
Je l'adopte pour fille, & vous laisse sa sœur.
Vous pouvez, j'y consens, en faire une Duchesse,
Et même l'élever jusqu'au rang de Princesse.
Mais, Sophie est à moi : je réclame son bien,
Auquel j'ai résolu de joindre tout le mien.

Madame ARGANTE *d'un air effrayé.*

Tout le vôtre !

M. DE BONACCUEIL.

Oui, ma sœur, lui tenant lieu de pere,
Je songe à la pourvoir, & j'en fais mon affaire.

Madame ARGANTE.
Vous seriez si cruel à l'égard de sa sœur?
M. DE BONACCUEIL.
Je partage mes biens, comme vous votre cœur.
Toutefois, pour prouver que je suis équitable,
Je vous donne le temps d'être plus raisonnable.
Je n'ai pas encor pris mon parti sans retour.
Mariez Pulchérie avant la fin du jour:
Devant sa sœur aînée on veut bien qu'elle passe,
Et, pour l'amour de vous, je lui fais cette grace:
Mais si, dès ce jour même, elle ne choisit pas
Quelqu'un de ces benêts charmés de ses appas,
Sophie aura demain tous mes biens en partage,
Et je saurai la rendre aussi riche que sage.
M'entendez-vous, ma sœur? J'ai parlé; choisissez.
Madame ARGANTE.
Je vais voir Pulchérie, & reviens.
M. DE BONACCUEIL.
Finissez:
Revenez au plûtôt me rendre sa réponse;
Et, suivant le rapport, à l'instant je prononce.

SCENE IV.

M. DE BONACCUEIL, SOPHIE, LISETTE.

M. DE BONACCUEIL.
A la fin, j'ai pourtant rabattu son caquet;
[*Dorante paroît, &, sans les voir, se mire & s'ajuste.*]
Et bien-tôt nous saurons... Que veut ce freluquet?
LISETTE.
C'est un des soupirans de votre belle nièce.

Un robin, petit-maître.
M. DE BONACCUEIL.
                    Il est tout d'une piéce.
Qu'il a l'air apprêté !
LISETTE.
                Son esprit & son corps
Assujettis à l'art, ne vont que par ressorts;
Il arrange avec soin sa vaste chevelure,
Puis il va concerter son air & son allure.
M. DE BONACCUEIL.
Hom, le fat !
SOPHIE.
        Dans sa pompe il veut nous aborder.
LISETTE.
A son pere, à son oncle, il vient de succéder,
Riche comme un Crésus, & plus aimable encore.
Si nous voulons l'en croire, il poursuit, il adore
La fiere Pulchérie, & s'en croit adoré
Lorsque d'un regard même il n'est pas honoré.
SOPHIE.
Il ne nous voit donc pas ?
LISETTE.
                Quoi, cela vous étonne ?
Il ne voit jamais rien que sa chere personne.
M. DE BONACCUEIL.
Le voilà qui commence enfin à s'ébranler.
SOPHIE.
Voyons s'il daignera seulement me parler.

SCENE V.

DORANTE, M. DE BONACCUEIL, SOPHIE, LISETTE.

DORANTE.
Lisette, un mot.
LISETTE.
Monsieur, que vous plaît-il?
DORANTE.
Ma chere, Puis-je voir Pulchérie?
LISETTE.
Elle est avec sa mere.
DORANTE.
Est-il jour là-dedans?
LISETTE.
Oui.
DORANTE.
Bon, je vais entrer.
[Il fait quelques pas, & revient.]
M'a-t-on demandé?
LISETTE.
Non. Je puis vous assurer
Que l'on n'a demandé... ni souhaité personne.
DORANTE.
Ni souhaité, ma chere? Ah! Ce discours m'étonne.
J'aurois pensé qu'au moins on m'auroit souhaité.
LISETTE.
Si vous l'avez pensé, vous vous étes flatté.
DORANTE souriant.
Flatté?

LISETTE.

Très-sûrement.

DORANTE.

La folle ! Et moi, je gage
Qu'on brûle de me voir.

M. DE BONACCUEIL à Sophie.

Le fade personnage !
Voudra-t-il bien au moins nous jetter un coup d'œil ?

DORANTE à Lisette.

Quel est cet homme-là ?

LISETTE.

Monsieur de Bonaccueil ;
Le frère de Madame.

DORANTE.

Un Campagnard, sans doute ?
Il en a l'air.

LISETTE.

Paix donc. Je crois qu'il vous écoute.

DORANTE.

Ma foi, tanpis pour lui. N'est-ce pas là la sœur
De Pulchérie ?

LISETTE.

Eh oui.

DORANTE prenant du tabac.

Je suis son serviteur.

LISETTE.

Voulez-vous lui parler ?

DORANTE.

Je n'ai rien à lui dire.
Fais-lui mes complimens ; entens-tu ?
[Il sort en faisant une froide révérence à Sophie.]

SCENE VI.

M. DE BONACCUEIL, SOPHIE, LISETTE.

LISETTE à Sophie.

Je soupire
De voir que l'on vous traite avec tant de mépris.
SOPHIE.
Moi, j'en ris de bon cœur.
LISETTE.
Vous en riez?
SOPHIE.
J'en ris,
Te dis-je.
LISETTE.
Mais enfin...
SOPHIE.
Veux-tu que je m'afflige
De voir qu'un beau visage ait l'effet du prestige,
Et que charmant les yeux par un brillant éclat,
Il attire d'abord les hommages d'un fat?
Si l'on voit triompher la beauté dangereuse,
De l'ame la plus noble & la plus généreuse,
A plus forte raison met-elle dans ses fers
Une ame du commun, un esprit de travers.
La beauté sait sur tout étendre son empire;
La nature le veut, il faut bien y souscrire.
Ma sœur brille, m'offusque : eh, peut-être qu'un jour
L'esprit & le bon sens auront ici leur tour;
Et que dès le moment qu'elle en sera partie,
Quelque ame avec la mienne assez bien assortie,
Ressentira

Ressentira pour moi, par la réflexion,
Ce qu'inspire souvent l'aveugle passion.
Ayons donc patience. Il faut que Pulchérie
Après tout son triomphe à la fin se marie :
Dès qu'elle aura dit oui, son régne finira,
Et j'espere qu'alors le mien commencera.

M. DE BONACCUEIL.

On ne peut mieux parler ; & ma foi, je t'admire.
Mais peut-être en secret ton pauvre cœur soupire.
N'aimes-tu point quelqu'un ? Parle de bonne foi.
Tu n'as rien de caché pour elle, ni pour moi.

SOPHIE.

Oui, j'aime, & je l'avoue.

M. DE BONACCUEIL.

Ah, cet aveu me charme ;
Il me cause pourtant une soudaine alarme.

SOPHIE.

Pourquoi, mon oncle ?

M. DE BONACCUEIL.

Eh mais... Je crains fort que ta sœur,
De celui qui te plaît ne t'ait ravi le cœur.
Il pourroit, comme un autre, être aveugle & fantasque.
L'aime-t'il ?

SOPHIE.

Hélas ! oui.

M. DE BONACCUEIL *frappant du pied.*

Maugrébleu de la masque !

SOPHIE.

Lisette le sait bien.

LISETTE.

Vraiment oui, je le sai ;
Et j'en fis hier encore un très-fâcheux essai.
Je lui vantai long-temps votre parfait mérite ;
Il m'en parut frappé. Votre sœur vint ensuite,
Adieu mon homme : zéle & discours superflus ;
Dès qu'il vit Pulchérie, il ne m'écouta plus.

Tome VI. N

L'ENFANT

M. DE BONACCUEIL *en colere.*
Tu sortiras d'ici, dangereuse sorciere.
[*à Sophie.*]
Voilà pour ta constance une triste matiere.
Mais enfin, quel est donc cet amant trop aimé?
Ce petit Magistrat? Ce fat si parfumé,
Que nous venons de voir?

SOPHIE.
Lui? Le ciel m'en préserve.
Pour un plus digne objet ma raison me conserve.

M. DE BONACCUEIL.
Tu me préviens pour lui, je veux savoir son nom.

SOPHIE.
Vous le connoissez.

M. DE BONACCUEIL.
C'est?

SOHHIE.
Le Marquis de Ternon.

M. DE BONACCUEIL
d'un air joyeux.
Lui?

SOPHIE.
Lui-même.

M. DE BONACCUEIL.
Ma foi, j'en ai l'ame ravie,
Et sans savoir ton goût, je t'ai déja servie.

SOPHIE.
Comment donc?

M. DE BONACCUEIL.
Ce Marquis est mon ami.

LISETTE.
Tant mieux

M. DE BONACCUEIL.
Mon voisin.

LISETTE.
Bon.

M. DE BONACCUEIL.
            Sur lui j'avois jetté les yeux,
Connoissant son mérite & sa rare prudence,
Pour que nous formassions ensemble une alliance ;
Jugeant que comme nous il s'en feroit honneur,
Je t'avois proposée à ce jeune Seigneur.
        SOPHIE *avec vivacité.*
Qu'a-t-il répondu ?
        M. DE BONACCUEIL.
        Rien.
        LISETTE.
                La réponse est touchante.
        M. DE BONACCUEIL.
Je voi d'où cela vient ; c'est que ta sœur l'enchante :
Qu'incertain du succès qu'aura sa passion,
Et peut-être goûtant ma proposition,
Il veut, ne répondant que par des révérences,
Etre maître d'agir selon les occurences.
        LISETTE.
Cela se pourroit bien.
        M. DE BONACCUEIL.
            Enfin, nous allons voir,
Ma sœur se voit forcée à décider ce soir ;
Si l'on prend le Marquis, nous en prendrons un autre.
        SOPHIE.
Mon oncle, mon projet est différent du vôtre.
J'épouse le Marquis, ou j'épouse un couvent.
        M. DE BONACCUEIL.
Dans de pareils projets on se trompe souvent ;
Il faut être, ma niéce, un peu moins décisive.
        SOPHIE.
Pardonnez si je suis si franche & si naïve.
A mon gré, le Marquis est un homme parfait,
Qui peut lui succéder dans mon cœur ?
        LISETTE.
                    En effet

Je ne connois que lui parmi notre jeuneſſe,
Qui puiſſe mériter cet excès de tendreſſe;
Mais, après tout, il faut...
[*M. de Neuchateau paroît.*]
M. DE BONACCUEIL.
Quel eſt cet homme-ci?
LISETTE.
Eh tenez, c'eſt encore un amoureux tranſi,
Un riche Financier.
M. DE BONACCUEIL.
Quoi, ſi jeune?
LISETTE.
A cet âge,
Et riche à millions, il eſt doux, poli, ſage,
Et ſans nulle fierté.
M. DE BONACCUEIL.
Pour ſage, je le croi,
Cela ſe peut fort bien; mais doux! poli! Ma foi,
Cet homme eſt un prodige; & j'admire qu'en France
On ait pû parvenir à polir la finance.
LISETTE.
Le fait eſt vrai, pourtant; il va vous le prouver.

SCENE VII.

M. DE BONACCUEIL, SOPHIE,
M. DE NEUCHATEAU, LISETTE.

M. DE NEUCHATEAU,
après avoir fait une profonde révérence à M. de Bonaccueil,
& à Sophie, dit à Liſette.

Pourrois-je voir Madame?
LISETTE.
Oui.

M. DE NEUCHATEAU.

Je viens la trouver,
Pour savoir d'elle enfin ce qu'il faut que j'espere.

M. DE BONACCUEIL *à Sophie.*
Pour obtenir la fille, il courtise la mere,
A ce que je puis voir.

SOPHIE *en riant.*
C'est s'y prendre fort bien.

M. DE BONACCUEIL.
Ma foi, mon cher Monsieur, vous n'y gagnerez rien.

M. DE NEUCHATEAU.
La raison, s'il vous plaît?

M. DE BONACCUEIL.
C'est que ma sœur est folle;
Et ma niéce encor plus. Comptez sur ma parole.

M. DE NEUCHATEAU.
Ah! Monsieur, êtes-vous Monsieur de Bonaccueil?

M. DE BONACCUEIL.
Moi-même. Vous voyez l'ennemi de l'orgueil,
Le frere toutefois d'une sœur arrogante,
Dont la fille cadette est une impertinente.

M. DE NEUCHATEAU.
De grace, traitez mieux une rare beauté
Que l'on ne sauroit voir sans en être enchanté.
Elle est fiere, il est vrai; mais digne d'être Reine;
N'a-t-elle pas le droit d'en paroître un peu vaine?
Oui, dans sa fierté même elle a certains appas,
Qui font qu'un amant souffre, & n'en murmure pas.
Voilà ce que je sens.

M. DE BONACCUEIL.
Je vous en félicite.
Si la soumission, près d'elle, est un mérite,
Elle doit reconnoître un si modeste amour.
Mais, qui fait ce fracas?

LISETTE.

C'est le Comte du Tour,
Vous ne trouverez pas celui-ci si modeste.

SCENE VIII.

M. DE BONACCUEIL, SOPHIE, LE COMTE DU TOUR, M. DE NEUCHATEAU, LISETTE.

LE COMTE *à Neuchateau.*

Quoi! je te trouve ici? Je sai qu'on t'y déteste:
Veux-tu perdre toujours ton temps à soupirer?
Va, croi-moi, mon ami, tu peux te retirer.
L'aimable Pulchérie, aussi fiere que belle,
Veut des titres, mon cher, & j'en ai vingt pour elle;
Mais les tiens, quels sont-ils? Des millions? Ma foi,
Qui n'a que ce mérite, en a fort peu, je croi.

M. DE NEUCHATEAU.

Je le croi comme vous; mais souffrez que je pense
Qu'un grand bien nous tient lieu de titres, de naissance,
Lorsque ne gâtant point ni l'esprit, ni le cœur,
Il nous sert de moyens pour vivre avec honneur;
Pour être généreux sans orgueil & sans faste,
Et d'un Riche insolent paroître le contraste.
Si l'on ne peut citer une foule d'ayeux,
On s'en fait croire digne; & cela vaut bien mieux
Que le stérile honneur d'une naissance illustre,
Sans moyen, ni desir d'en augmenter le lustre.

M. DE BONACCUEIL.

C'est très-bien répondu.

LE COMTE *d'un ton haut.*

Monsieur de Neuchateau,
Vous me parlez d'un ton qui me paroît nouveau.

M. DE NEUCHATEAU.
Je parle en général. Vous ferois-je une offense,
En osant contre vous embrasser ma défense ?
LE COMTE.
Écoute, mon ami, je te doi de l'argent,
Et tu m'as secouru dans un besoin urgent;
Mais ne t'en prévaux pas. Bien-tôt je me marie,
Pour libérer mes biens ; & sache, je te prie,
Que les gens de mon rang sont faits pour emprunter,
Comme les Financiers sont faits pour nous prêter.
M. DE NEUCHATEAU.
J'ignorois ce droit-là.
LE COMTE.
Je te l'apprens. Lisette,
Entre-t-on ?
LISETTE.
Oui, Monsieur.
LE COMTE.
Tant mieux ; je fais retraite,
[à *Neuchateau*.]
Ou je conclus. Crois-tu qu'on me laisse échapper ?
Pour moi, je n'en croi rien.
M. DE NEUCHATEAU.
Vous pouvez vous tromper.
LE COMTE.
Moi, me tromper ?
M. DE NEUCHATEAU.
Oui, vous. Chacun a son mérite,
Vous comptez sur le vôtre ; & moi je vous imite.
LE COMTE *lui frappant sur l'épaule*.
Vien, mon pauvre garçon. Je te plains, par ma foi,
Et je m'en vais t'apprendre à t'égaler à moi.
[*Ils sortent tous deux.*]

SCENE IX.

M. DE BONACCUEIL, SOPHIE, LISETTE.

LISETTE.
Es voilà partis.
M. DE BONACCUEIL.
Ouais ! Tout court à Pulchérie ;
Pas un mot seulement à ma pauvre Sophie !
Je me lasse à la fin de ce manége-là :
Je vais voir le Marquis.
SOPHIE *d'un air ému.*
Ah, bon Dieu ! le voilà :
Comme le cœur me bat !
M. DE BONACCUEIL.
Mon enfant, prens courage,
Si le Marquis est jeune, il est encor plus sage.
LISETTE.
Oui, mais contre l'écueil la sagesse échoûra.
M. DE BONACCUEIL.
Moi, je croi qu'à la fin elle triomphera.
Voyons.

SCENE X.

M. DE BONACCUEIL, SOPHIE, LE MARQUIS, LISETTE.

M. DE BONACCUEIL
courant embrasser le Marquis.

AH ! Vous voilà ; j'en ai bien de la joie.
Un moment tête à tête il faut que je vous voie ;
Et j'ose me flatter que nous nous entendrons,
Lorsque tous deux à fond nous nous expliquerons.
Vous êtes bien distrait !

LE MARQUIS *d'un air inquiet.*
Excusez...

M. DE BONACCUEIL.
Je parie
Que vous brûlez de voir ma niéce Pulchérie.

LE MARQUIS.

Il faut vous l'avouer, ses charmes m'ont frappé;
Et malgré moi, mon cœur en est tout occupé.

M. DE BONACCUEIL.
Malgré vous ?

LE MARQUIS.
Oui, je parle ici sans artifice,
Je devrois à sa sœur rendre plus de justice ;
Pour elle ma raison me parle à tous momens.

SOPHIE *d'un air froid.*
Il faut que notre cœur régle nos sentimens.
Si-tôt qu'il a parlé, la raison doit se taire.

LE MARQUIS.
Je ne le sens que trop, & n'en fais point mystere;

Tome VI.　　　　　　　　　　　O

Quoiqu'au fond, très-honteux qu'il m'impose la loi
De céder au penchant qui triomphe de moi.
J'en rougis à vos yeux; pardonnez-lui son crime;
Comptez qu'il sent pour vous la plus parfaite estime
Dont jamais...
   SOPHIE *en souriant.*
    Vous perdez de précieux instans.
Vos rivaux sont ici, profitez mieux du temps,
Marquis, pour obtenir la juste préférence
Dont vous êtes en droit de former l'espérance.
Ma sœur va décider sur le choix d'un époux;
Allez faire valoir vos droits à ses genoux.
Pour peu qu'elle ait de sens, elle vous doit la gloire
De vous faire goûter une pleine victoire.
   LE MARQUIS
  après l'avoir regardé tendrement.
En dépit de moi-même il faut vous obéir.
Que de justes raisons pour vous de me haïr!
Mais vous en soupçonner, c'est vous faire une offense;
Et vous ne me devez que de l'indifférence.
[*Il sort lentement & regardant Sophie de temps en temps.*]
   LISETTE *au Marquis.*
Bon soir.

SCENE XI.

M. DE BONACCUEIL, SOPHIE, LISETTE.

M. DE BONACCUEIL.

LE traître sort, & ne m'écoute pas.
   LISETTE.
Non. La sagesse est folle.

M. DE BONACCUEIL.
                    Il revient fur ses pas,
Suivi de ses rivaux.
            SOPHIE.
                Ma sœur va donc paroître.
            LISETTE.
Madame nous l'améne.
        M. DE BONACCUEIL.
                    On a conclu peut-être ;
Et nous allons savoir le choix que l'on a fait.
            LISETTE.
Aucun d'eux cependant n'a l'air bien satisfait.

SCENE XII.

M. DE BONACCUEIL, Madame ARGANTE, SOPHIE, PULCHÉRIE, DORANTE, LE COMTE, M. DE NEUCHATEAU, LE MARQUIS, LISETTE.

            Madame ARGANTE.
Mon frere, j'ai parlé.
        M. DE BONACCUEIL.
                    Pour qui cette déesse
S'est-elle déclarée ?
        M. DE NEUCHATEAU.
                    En vain chacun s'empresse
A savoir ce qu'il peut espérer de ses feux :
Elle ne nous répond que d'un air dédaigneux.
        M. DE BONACCUEIL *à Madame Argante*.
Voilà donc tout le fruit de votre remontrance ?
            Madame ARGANTE.
Rien ne peut l'obliger à rompre le silence.

O ij

M. DE BONACCUEIL.
[à Pulchérie.]
Je la ferai parler, moi. Je veux qu'au plûtôt...
PULCHÉRIE d'un air fier.
Doucement, s'il vous plaît ; ne parlons pas si haut.
M. DE BONACCUEIL.
Comment ?
PULCHÉRIE.
Je hais le bruit ; il m'est insupportable.
M. DE BONACCUEIL.
Mon Dieu, qu'elle est mignonne, & qu'elle est agréable
PULCHÉRIE
à Madame Argante, d'un ton ironique.
Mon oncle est très-plaisant, je ne le croyois pas :
Mais priez-le de prendre un ton un peu plus bas.
Madame ARGANTE d'un air suppliant.
Mon frere...
M. DE BONACCUEIL la contrefaisant.
Eh bien, ma sœur ?
Madame ARGANTE.
Ayez la complaisance.
M. DE BONACCUEIL.
De quoi ? De me soumettre à son impertinence ?
PULCHÉRIE.
Quelle grossiereté ! Peut-on la soutenir ?
Je sors.
M. DE BONACCUEIL l'arrêtant.
Non. Avec vous je veux m'entretenir.
Venons au fait. Au fait.
Madame ARGANTE à son frere.
Calmez-vous, je vous prie.
M. DE BONACCUEIL ôtant son chapeau.
Soit. Daignez m'écouter, divine Pulchérie.
Permettez que votre oncle, en toute humilité,
Vous conjure d'avoir un peu moins de fierté ;

D'être un peu plus docile, un peu plus complaisante.
Votre mere, à ma voix, joint sa voix suppliante :
Elle n'exige pas que vous obéissiez,
Dieu l'en garde ; elle est prête à tomber à vos piéds,
Pour obtenir de vous, sa chere souveraine,
Que sur un choix, enfin, vous décidiez en reine.
[à Madame Argante.]
N'est-ce pas là le ton dont il faut lui parler ?

PULCHÉRIE.

Quand on a de l'esprit, on aime à l'étaler :
C'est ce que fait monsieur. Qu'il gronde ou qu'il plaisante,
Sa conversation est toujours amusante.
Continuez : prenez le ton qu'il vous plaira,
Et soyez assuré qu'il me divertira.

M. DE BONACCUEIL.

Comment donc, avec moi vous faites la railleuse ?

PULCHÉRIE.

C'est pour vous imiter.

M. DE BONACCUEIL.
          La petite orgueilleuse !
Est-ce là le respect ?...

PULCHÉRIE.
          Parlez honnêtement,
Et je vous répondrai plus convenablement.

M. DE BONACCUEIL.

Ventrebleu, finissons, & changeons de maniere.

PULCHÉRIE

Le ton d'autorité me rend encore plus fiere,
Je vous en avertis, c'est mon aversion.

M. DE BONACCUEIL *à la compagnie.*

Admirez les effets de l'éducation.
Voilà pour vous, ma sœur, un illustre trophée !

Madame ARGANTE.

Par vous, mal à propos, je suis apostrophée.

Pulchérie est très-sage ; & cette qualité
Lui donne, à mon avis, une juste fierté :
Sa fierté vous répond de sa bonne conduite,
Et vous démontre assez que je l'ai bien instruite.

M. DE BONACCUEIL.

Tout au mieux : ces messieurs vous en seront témoins,
Et vous remercîront de l'effet de vos soins.

Madame ARGANTE.

Ah ! Cessons de railler.

M. DE BONACCUEIL.

Avez-vous, je vous prie,
De mes intentions informé Pulchérie ?

Madame ARGANTE.

Oui, vraiment.

M. DE BONACCUEIL.

Qui peut donc l'empêher de choisir ?

PULCHÉRIE.

Vous me permettrez bien d'y penser à loisir ?

M. DE BONACCUEIL.

A loisir ! Tout à l'heure, ou je vous déshérite.
De ces quatre messieurs pesez bien le mérite,
Et choisissez celui qui vous convient le mieux.

DORANTE à Pulchérie.

Sans doute que sur moi vous jetterez les yeux ?

PULCHÉRIE d'un air dédaigneux.

Sur vous, Monsieur ?

DORANTE.

Je puis espérer cette gloire,
Ce me semble ?

PULCHÉRIE.

Et sur quoi ?

DORANTE.

C'est que j'ai lieu de croire
Que de fortes raisons parlent en ma faveur.

PULCHÉRIE.

Je ne les connois pas.

GASTÉ.

DORANTE *lui faisant la révérence.*
Vous me faites honneur.
Puisque mon espérance étoit si téméraire,
Quel est donc mon défaut ?
PULCHÉRIE.
Celui de me déplaire.
DORANTE.
Dites-m'en la raison, j'en suis très-curieux.
PULCHÉRIE.
C'est qu'un homme de Robe est maussade à mes yeux.
DORANTE.
D'autres yeux me verront sans nulle répugnance.
M. DE BONACCUEIL.
Voilà pour les Robins. Venons à la finance.
PULCHÉRIE.
A la finance ? Ah, fi !
M. DE BONACCUEIL.
Pourquoi vous récrier ?
PULCHÉRIE.
Pourquoi ? Moi devenir femme d'un financier ?
Je voudrois bien savoir si l'argent est un titre ?
M. DE BONACCUEIL.
En est-il plus beau ?
PULCHÉRIE.
Brisons sur ce chapitre,
De grace.
M. DE NEUCHATEAU.
Mais songez que je suis en état
D'acquérir, si je veux, & le rang, & l'éclat.
Quiconque est riche, est tout, a dit le Satirique.
Vous aurez sur mon cœur un pouvoir despotique !
Mes biens vous porteront jusques où vous voudrez,
Et, selon vos desirs, vous en disposerez.
Je puis vous offrir tout, excepté la naissance,
Que l'on voit trop souvent languir dans l'indigence,

O iiij

Éprouvant à regret que les titres pompeux,
Dépourvûs de moyens, ne rendent point heureux.
Le vrai bonheur consiste, à ce que j'entens dire,
A pouvoir parvenir à ce que l'on desire :
Or, avec la richesse, on n'a qu'à souhaiter,
Et l'on parvient à tout, quand on peut l'acheter.

PULCHÉRIE.

Moi, je n'estime rien de ce que l'on achette.
La naissance & le bien sont ce que je souhaite ;
L'un sans l'autre, pour moi, n'est ni touchant, ni beau :
Et je ne puis souffrir un homme tout nouveau.
Quand on se mésalie, on doit mourir de honte ;
Et j'en mourrois.

M. DE BONACCUEIL.

Et deux. A vous, Monsieur le Comte.

DORANTE à M. de Neuchateau.

De cette affaire-ci voyons le dénouement.

LE COMTE.

Je vois bien que je touche à mon heureux moment ;
Il m'étoit réservé pour augmenter ma gloire,
Et devant mes rivaux j'obtiendrai la victoire :
Soyez-en donc témoins, pauvres disgraciés.
Dès demain nos deux cœurs seront associés,
Charmante Pulchérie ; oui, dès demain, ma belle,
Nous serrerons les nœuds d'une chaîne éternelle.

PULCHÉRIE.

Qui vous a dit cela ?

LE COMTE.

Qui me l'a dit ? Vos yeux,
Qui m'honorent souvent d'un accueil gracieux.
Et, bannir ces messieurs, n'est-ce pas faire entendre
Que votre cœur m'en veut ? qu'il est prêt à se rendre ?

PULCHÉRIE.

Vous concluez très-mal. Ne reste-t-il que vous
Sur qui jetter les yeux pour en faire un époux ?

LE COMTE.

Mais je sais à quel point vous étes délicate ;
C'est ce qui m'encourage, & c'est ce qui me flatte.
Pouvez-vous espérer de faire un meilleur choix ?

PULCHÉRIE.

N'en doutez pas, Monsieur. Déja plus d'une fois
Je vous l'ai déclaré ; mais, trop plein de vous-même,
Vous voulez, malgré moi, croire que je vous aime :
Et je veux, malgré vous, vous détromper si bien,
Qu'une fois, pour toujours, vous n'en croyiez plus rien.
Soyez donc assuré, si je me détermine,
Que ce n'est point à vous que mon cœur se destine.
Je m'explique, je crois, intelligiblement.

LE COMTE.

Oh ! Rien n'est moins obscur que votre compliment,
Et, jusqu'au moindre mot, il est plein d'énergie.
Vous attendez de moi quelque triste élégie,
Des plaintes, des soupirs, des reproches, des pleurs ;
Et que, pour terminer mes tragiques douleurs,
Outré du fier arrêt que nous venons d'entendre,
J'aille, en sortant d'ici, me noyer ou me pendre.
Mais, ô fiere beauté ! vous m'en dispenserez :
Je laisse à ces messieurs, que vous désespérez,
Tout l'honneur d'une fin si digne de mémoire.
Pour moi, qui ne suis pas sensible à cette gloire,
Loin qu'à vos cruautés je songe à m'immoler,
Je vais chercher ailleurs de quoi m'en consoler.
  [*Il sort en chantant.*]

DORANTE *à Pulchérie.*

Je ne suis pas friand de l'honneur qu'il me céde,
Et j'espere guérir par un plus doux reméde.
  [*Il sort.*]

M. DE NEUCHATEAU.

Pour moi, qui de moi-même, avois peu présumé,
Je ne suis pas surpris de n'être pas aimé :

Cependant j'espérois qu'une immense richesse
Pourroit en votre cœur appuyer ma tendresse :
C'étoit mon seul mérite. Il peut briller ailleurs,
Car il est à la mode, & touche bien des cœurs;
Oui, les cœurs les plus grands, & du plus haut étage.
Mais puisque, vous l'offrir, c'est vous faire un outrage,
Et qu'il n'excite en vous que haine & que mépris,
Je vais voir si quelqu'autre en connoît mieux le prix.
Adieu, Madame.

SCENE XIII.

M. DE BONACCUEIL, Madame ARGANTE, PULCHÉRIE, SOPHIE, LE MARQUIS, LISETTE.

M. DE BONACCUEIL.

Et trois : sans compter deux mille autres,
Dont les justes mépris ont bien payé les vôtres.
Voyons si le Marquis aura le même sort.
Vous gardiez-vous pour lui? Ferez-vous bien l'effort
D'accepter à la fin son rang & sa personne ?
Songez-y. Vous seriez trop modeste & trop bonne;
N'est-il pas vrai ?

PULCHÉRIE.

Mon oncle, il ne faut point railler.
Si quelqu'un à mes yeux a jamais su briller,
C'est Monsieur.

SOPHIE à part.

Juste ciel ! Que je suis malheureuse !

PULCHÉRIE.

Mais, dût-on me traiter de vaine, d'orgueilleuse,

Le bonheur où mes vœux ont toujours aspiré,
C'est d'avoir un mari plus hautement titré.
           LISETTE à M. de Bonaccueil.
Je vous l'avois bien dit.
           M. DE BONACCUEIL.
                    Si bien, mon adorable,
Qu'un Marquis est pour vous un parti méprisable.
           PULCHÉRIE.
Pour méprisable, non. Mais Monsieur est d'un sang
A pouvoir obtenir encore un plus haut rang.
Je sai qu'il l'obtiendra pour peu qu'il sollicite ;
Et, s'il y réussit, je connois son mérite,
Il n'aura pas de peine à me déterminer :
Mais ce n'est qu'à ce prix que je veux me donner.
           M. DE BONACCUEIL.
C'est votre dernier mot, apparemment ?
           PULCHÉRIE.
                         Sans doute.
           M. DE BONACCUEIL *au marquis.*
Hé bien, que dites-vous à tout cela ?
           LE MARQUIS.
                              J'écoute.
           M. DE BONACCUEIL.
                [à *Pulchérie.*]
Je vous entens, mon cher. Si bien donc, entre nous,
Qu'il faut être au moins Duc pour être votre époux ?
           PULCHÉRIE.
Rien n'est plus assuré.
           M. DE BONACCUEIL.
                    Vous avez l'ame fiere ;
Et j'en fais compliment à votre sage mere.
           Madame ARGANTE.
Mais, mon frere, après tout, pourrois-je la forcer
A penser autrement qu'elle ne peut penser ?
           M. DE BONACCUEIL.
Ce seroit conscience, & vous seriez barbare.

[*à Pulchérie.*]
Princesse, votre humeur hautement se déclare ;
La mienne va tout haut se déclarer aussi ;
Et cela sera fait en deux mots. Les voici :
Ma sœur est une folle, & vous une arrogante.
Je pourrois vous traiter même d'impertinente ;
Mais, pour être si franc, je suis trop circonspect,
Et j'appréhenderois de manquer de respect.
Je me bornerai donc à vous bien faire entendre
Qu'à ma succession vous cessiez de prétendre.
Dès cet instant, ma Reine, il faut y renoncer.

PULCHÉRIE *fierement.*
Faite comme je suis, je puis bien m'en passer.
Je conviens qu'à ma sœur elle est plus nécessaire ;
Et, par votre secours, elle aura de quoi plaire.

Madame ARGANTE.
C'est fort bien dit.

PULCHÉRIE.
Le bien ne sauroit me tenter,
Dès qu'il faut, pour l'avoir, se laisser insulter,
Et souffrir qu'à l'insulte on joigne la menace.
Je n'ai plus rien à dire, & je quitte la place.
Adieu.

Madame ARGANTE *à M. de Bonaccueil.*
Vous avez tort, & ma fille a raison.

M. DE BONACCUEIL.
Je m'en vais devant vous lui demander pardon.
Suivez-moi, vous verrez une scéne plaisante.

Madame ARGANTE.
Mais...

M. DE BONACCUEIL.
Il faut que je créve, ou que je me contente.

LISETTE *à Sophie.*
Ceci vous intéresse ; & je vais écouter
Tout ce qui se dira, pour vous le rapporter.
[*Elle les suit.*]

SCENE XIV.

SOPHIE, LE MARQUIS.

SOPHIE *en souriant.*

Vous ne les suivez pas ?

LE MARQUIS.

Non, charmante Sophie.

SOPHIE.

Charmante ? Ah ! Vous croyez parler à Pulchérie.

LE MARQUIS.

Je suis dans mon bon sens, je ne parle qu'à vous ;
Aujourd'hui votre amant, & demain votre époux.

SOPHIE.

Enfin, grace au dépit, je vous parois aimable ;
Mais mon régne, je croi, ne sera pas durable.
Un regard de ma sœur va le faire finir.

LE MARQUIS.

Ah ! Je vous rens justice, & je veux la punir.

SOPHIE.

Vous vous flattez, Marquis ; & je suis peu crédule.

LE MARQUIS.

Un si prompt changement semble un peu ridicule ;
Mais sur moi la raison peut bien plus que l'amour.
Vous la ferez enfin triompher sans retour ;
Ce n'est pas d'aujourd'hui que mon cœur s'y prépare.
Je vois briller en vous un mérite si rare,
Que je me suis cent fois reproché vivement,
De n'avoir pas pour vous un tendre attachement.
Ce que je viens de voir, ce que je viens d'entendre,
Fait qu'à votre vertu je brûle de me rendre.
Je gardois le silence, & projettois tout bas
De vous donner le prix sur d'indignes appas,

Dont l'éclat séduisant vous voloit mon hommage.
Enfin j'ai su me vaincre, & je sors d'esclavage.

SOPHIE.

Vous le croyez, du moins ; pour moi, je n'en crois rien.
Soyez en défiance, & consultez-vous bien.
Vous tâchez de me faire un tendre sacrifice ;
C'est le dépit qui parle, & je me rens justice.
Seule, je puis passer, chacun en est d'accord ;
Mais la comparaison me fera toujours tort.
Si je plais un moment, aussi-tôt on me quitte ;
Et quand ma sœur paroît, adieu tout mon mérite.

LE MARQUIS.

Je jure...

SOPHIE.
Doucement.
LE MARQUIS.
Et le Ciel m'est témoin...?
SOPHIE.

Sauvez-vous un parjure, & n'allez pas plus loin.

LE MARQUIS.

Que j'expire à vos yeux, si je ne suis sincere.
Permettez...

SOPHIE.
Jurez donc, si cela peut vous plaire.
LE MARQUIS.

Non, je ne jure plus. J'ai de meilleurs moyens
De vous convaincre enfin que je romps mes liens
Pour être tout à vous, sans trouble & sans partage.

SOPHIE.

En êtes-vous bien sûr ?
LE MARQUIS.
C'est à quoi je m'engage.
SOPHIE.

Fort témérairement.
LE MARQUIS.
Écoutez-moi.

SOPHIE.
Parlez.
LE MARQUIS.
Nous sommes quatre amans, & tous quatre exilez,
Parce que notre rang n'est pas assez sublime;
On a daigné pourtant me marquer quelque estime,
Et j'emportois le prix, si j'eusse été titré.
SOPHIE.
C'est ce que devant moi l'on vous a déclaré.
LE MARQUIS.
Et ce qui m'a guéri. Cette folle manie
M'a fait de votre sœur connoître le génie.
Par un parfait amour je voulois la toucher,
Mais sans le plus haut rang rien ne peut l'attacher;
Et cette vanité, dont elle se fait gloire,
Me donnant sur moi-même une pleine victoire,
M'a fait dans le moment concevoir le dessein
De me venger d'un cœur si frivole & si vain.
Faut-il vous en donner une preuve constante ?
Il ne tenoit qu'à moi de la rendre contente;
Car je viens d'obtenir ce rang si souhaité,
Ce rang seul digne prix de sa rare beauté.
SOPHIE.
Qu'entens-je ?
LE MARQUIS.
J'apportois cette heureuse nouvelle;
Quand sa présomption m'a révolté contre elle;
La raison, l'équité secondant mon courroux,
M'ont forcé de me taire, & m'ont parlé de vous.
SOPHIE.
Vous pouvez à ce point vous faire violence !
Et pouvant être heureux, vous gardez le silence ?
LE MARQUIS.
Je m'en fais, je l'avoue, un plaisir délicat.
On ne cherchoit en moi qu'un fastueux éclat.

L'ENFANT

Je voulois voir sans lui ma flamme triomphante.
Vous ne le cherchiez pas, & je vous le présente.
[*Il se met à genoux.*]
Je le mets à vos pieds, heureux & satisfait,
De rendre à la vertu l'honneur qu'elle m'a fait :
Car vous m'aimez, Sophie, & j'ai su par Lisette...

SOPHIE.

Je ne me plaindrai pas de sa langue indiscrette,
Si toujours la raison vous parle en ma faveur.
Mais je crains ma rivale, & je crains votre cœur.
Hélas ! Pour le reprendre elle n'a qu'à paroître.

LE MARQUIS.

Vous le connoissez mal, & vous l'allez connoître.

SOPHIE.

Je croi qu'il est sincere autant que généreux,
Mais il peut se tromper, & nous tromper tous deux.

SCENE XV.

SOPHIE, LE MARQUIS, LISETTE.

LISETTE.

JE viens vous raconter la plus bisarre scéne...

LE MARQUIS.

Tu peux t'en dispenser, car j'ai rompu ma chaîne.
De Pulchérie enfin je vais punir l'orgueil.
Va trouver de ma part Monsieur de Bonaccueil,
Et dis-lui...

LISETTE.

Quoi, Monsieur ?

LE MARQUIS.

L'agréable nouvelle
Que j'apprens.

LISETTE.

LISETTE.
Volontiers ; mais, Monsieur, quelle est-elle ?
LE MARQUIS.
Dis-lui qu'au rang de Duc on vient de m'élever.
LISETTE.
Bon, bon, vous plaisantez.
LE MARQUIS.
Tien, pour le lui prouver,
Porte-lui cette lettre, il n'aura qu'à la lire ;
Elle confirmera ce que je lui fais dire.

LISETTE *prenant la lettre.*

Puisque la chose est sûre, il ne tient plus qu'à vous
De fixer Pulchérie, & d'être son époux.
LE MARQUIS.
J'en suis persuadé.
LISETTE.
Quelle est donc la maniere
Dont vous voulez punir cette beauté si fiere ?
LE MARQUIS.
Tu le sauras bien-tôt.
LISETTE.
J'en sais un bon moyen ;
Et si votre projet s'accorde avec le mien...
LE MARQUIS.
Dépêche-toi, Lisette, & revien nous redire
L'effet qu'aura produit la lettre qu'on va lire.

SCENE XVI.

LE MARQUIS, SOPHIE.

SOPHIE.

L'Effet en sera prompt & me sera fatal.
LE MARQUIS.
Pourquoi de mes desseins augurez-vous si mal ?
De grace, laissez-moi ménager ma vengeance,
Et daignez m'honorer de votre confiance.
SOPHIE.
Sur tout autre sujet vous l'auriez pleinement ;
Mais qui veut se venger, aime encor vivement.
L'amour agit en vous bien plus que la justice.
LE MARQUIS.
Vous défier de moi, c'est me mettre au supplice.
Ce n'est pas la beauté qui m'impose la loi ;
Un bon cœur a cent fois plus de charmes pour moi,
Je sai qu'il est en vous. Pour ma délicatesse,
C'est un attrait vainqueur qui le sera sans cesse ;
Au lieu que la beauté qui d'abord m'a surpris,
N'ayant point cet appui, perdroit bien-tôt son prix.
SOPHIE.
Je croi qu'en ce moment vous pensez de la sorte.
Près de moi, la raison me paroît la plus forte ;
Mais auprès de ma sœur la voix lui baissera,
Elle sera muette, & l'amour parlera.
Fuyez, si vous voulez assurer ma victoire.
LE MARQUIS.
Non, je ne fuirai point, il y va de ma gloire,
Il y va de la vôtre ; & cette lâcheté...
SOPHIE.
Eh, mon Dieu! moins de gloire, & plus de sûreté.

LE MARQUIS.
Douter de ma raison, douter de ma constance,
C'est vous faire injustice, & me faire une offense.
SOPHIE.
Ah, voici ma rivale ! O dangereux moment !

SCENE DERNIERE.

Madame ARGANTE, M. DE BONACCUEIL, SOPHIE, PULCHÉRIE, LE MARQUIS, LISETTE.

M. DE BONACCUEIL
au marquis.
Monsieur le Duc, on vient vous faire compliment.
Avec un vrai plaisir nous avons lû la lettre ;
Ma niéce la relit, & va vous la remettre.
Madame ARGANTE.
Je joins sincerement mon compliment au sien.
LISETTE.
Sincerement aussi je hazarde le mien.
Monseigneur permet-il que je le félicite ?
LE MARQUIS.
Je suis ravi de voir...
PULCHÉRIE *lui rendant la lettre.*
Voilà votre mérite
Décoré des honneurs que je lui souhaitois ;
Mais votre procédé me surprend ; je comptois
Que si vous parveniez à ce bonheur extrême,
Vous viendriez d'abord m'en informer vous-même.
Votre message est rare, & d'un goût tout nouveau.
M. DE BONACCUEIL.
Son procédé vous choque, & je le trouve beau,
Moi, qui vous parle.

PULCHÉRIE.
En quoi ?
M. DE BONACCUEIL.
C'est qu'il est très-modeste.
PULCHÉRIE *d'un ton railleur.*
Ah ! Fort bien.
M. DE BONACCUEIL.
Très-louable.
PULCHÉRIE.
Et très-bisarre. Au reste,
Monsieur a ses raisons pour en user ainsi ;
Moi, pour m'en offenser, j'ai les miennes aussi.
Ma gloire en est blessée : & si je lui pardonne,
Il faudra que je sois bien facile & bien bonne.

Madame ARGANTE *au marquis.*

En effet, vous deviez, dès le premier instant,
Venir mettre à ses pieds votre titre éclatant ;
En faire à sa beauté l'hommage le plus tendre,
Et par ce procédé la forcer à se rendre.

PULCHÉRIE.
J'avois lieu de m'attendre à cet empressement ;
Mais vous voulez, je crois, que je pense autrement ;
Et votre dignité, sans doute, vous fait croire,
Que venir me l'offrir, c'est blesser votre gloire ;
Que pour vous mériter on doit vous prévenir,
Et que par quelque avance il faut vous obtenir.
Défaites-vous, Monsieur, de cette erreur insigne :
Ma main peut être à vous, je vous en trouve digne ;
Mais, malgré le haut rang où vous êtes monté,
Pour désarmer mon cœur, ayez moins de fierté.

LE MARQUIS.
Non, Madame, jamais, quelque rang que j'obtienne,
Le don de votre foi ne doit payer la mienne ;
Je ne mérite point ce retour gracieux ;
Et si jusques à vous j'osai lever les yeux,

J'avoue ingénuement que je fus téméraire,
Et qu'un Monarque seul doit tâcher de vous plaire.
Je vais donc vous venger en vous ôtant mon cœur.
Pour vous en délivrer je l'offre à votre sœur,
Si ce foible présent lui paroît digne d'elle.
[à Sophie.]
Daignez-vous l'accepter?
LISETTE à Sophie.
Allons, Mademoiselle,
Faites-vous cet effort.
Madame ARGANTE au marquis.
Vous vous moquez, je crois?
LE MARQUIS.
Non. Croyez que je parle ici de bonne foi.
Madame ARGANTE.
Vous avez beau parler, je ne saurois vous croire.

[regardant Sophie d'un air de mépris.]

L'emporter sur sa sœur! Elle? Elle auroit la gloire
D'avoir la préférence?
LE MARQUIS.
Elle-même ; & demain,
Si son oncle y consent, je lui donne ma main.
M. DE BONACCUEIL.
Qui moi, si j'y consens? Je donnerois ma vie,
Pour assurer ainsi le bonheur de Sophie.
LE MARQUIS.
Si c'en est un pour elle, il vous coûtera peu;
Votre consentement, suivi de son aveu.
M. DE BONACCUEIL.
Ma niéce, approchez-vous ; votre main dans la sienne.
[à Madame Argante.]
Mariez votre enfant, j'ai marié la mienne.
Madame ARGANTE.
Je l'empêcherai bien.

L'ENFANT GASTÉ.

M. DE BONACCUEIL.
Vous, vous l'empêcherez ?
Elle est sous mon pouvoir, & vous l'éprouverez.

SOPHIE *à Madame Argante.*
Souffrez qu'à vos genoux...

Madame ARGANTE.
Ôtez-vous, insolente.

Je suis au désespoir.

M. DE BONACCUEIL
prenant Sophie.
Adieu, Madame Argante.
Soyez sage, & signez sans vous faire presser,
Sinon, nous saurons bien comment vous y forcer.

Madame ARGANTE *embrassant Pulchérie*
Hélas ! Ma chere enfant, ta sœur sera Duchesse !

M. DE BONACCUEIL.
Hé bien, dépêchez-vous d'en faire une Princesse.
[*au Marquis & à Sophie.*] [*à Pulchérie.*]
Venez tous deux chez moi. Vous, souvenez-vous bien,
Que qui veut avoir tout, n'attrape jamais rien.

FIN.

LA VEILLÉE DE VILLAGE,

DIVERTISSEMENT.

PREMIERE

PREMIERE LETTRE A MONSIEUR TANEVOT.

EN vérité, Monsieur, vous m'étonnez! Est-il possible qu'on repréfente les AMOURS DE RAGONDE fur le Théatre de l'Opéra, & que cette bagatelle y attire tout Paris? J'en fuis émerveillé, je vous l'avoue. Ce qui redouble ma furprife, c'eft que quelques beaux efprits ofent fe vanter hautement d'être les auteurs de ce petit poëme lyrique; fi peu de gloire ne valoit pas la peine de mentir. Mais, fi vous m'avez étonné, Monfieur, je vais bien vous furprendre à mon tour : Apprenez que c'eft moi qui l'ai compofé pour S. A. S. Madame la Duchefle du Maine, & qui l'ai fait repréfenter à Sceaux dans le mois de Décembre 1714. J'ofe même ajouter, que cette illuftre princeffe l'honora de fes applaudiffemens; & je me flatte qu'elle n'a pas oublié que j'en fuis l'auteur, auffi bien que d'un autre Divertiffement qui avoit précédé celui-ci, le vingt-deuxiéme de Novembre de la même année, & qui étoit intitulé,

LETTRE

LE MYSTERE, OU LES FESTES DE L'INCONNU: ce furent deux espéces d'*impromptu*; car, à mesure que je composois les vers, feu M. *Mouret* les mettoit en musique avec une facilité merveilleuse; ensorte que le Poëte & le Musicien sembloient se disputer à qui auroit plûtôt fini sa tâche, pour satisfaire l'impatience d'une Princesse, à qui nous souhaitions de donner des marques de notre zéle, & de l'ambition que nous avions tous deux de contribuer à ses nobles amusemens, & d'y joindre le mérite de la diligence; mérite qui, dans ces sortes d'occasions, a beaucoup plus d'éclat & de succès, que la parfaite régularité d'un ouvrage qu'on a pris soin de méditer & de corriger long-temps: aussi le public a-t-il dû sentir que les vers & la musique des *Amours de Ragonde* n'étoient pas la production d'un long travail; mais peut-être que cette espéce de négligence a je ne sai quoi de facile & de naturel, qui a saisi les spectateurs: car, ordinairement, ce ne sont pas les ouvrages les plus travaillés qui ont les plus grands succès; & tout ce qui approche le plus de la nature, a presque toujours le bonheur de plaire: c'est à quoi principalement j'attribue le succés de mon petit Opéra.

Tout négligent qu'il est, néanmoins, il s'en faut bien que je donne mon suffrage à ce qu'on y a retranché ou ajouté, sans avoir eu la précaution de me consulter. Je proteste

A M. TANEVOT.

sur tout contre certaines petites maximes que je trouve dans l'exemplaire que vous venez de m'envoyer : ces fadeurs ne me vont point du tout ; &, pour vous convaincre que je n'y ai nulle part, je vous envoie l'ouvrage tel que je l'ai composé, & tel qu'il paroîtra dans le recueil de mes poësies diverses.

ACTEURS.

RAGONDE, vieille paysanne.

COLETTE, fille de Ragonde.

MATHURINE, voisine de Ragonde.

LUCAS, amant de Colette.

COLIN, jeune paysan aimé de Ragonde.

THIBAUT, magister du village.

TROUPE de paysans & de paysannes qui dansent.

TROUPE DE LUTINS.

La scène est dans le village de Sceaux.

LE MARIAGE
DE RAGONDE ET DE COLIN,
ou
LA VEILLÉE DE VILLAGE,
Divertissement en musique.

PREMIER INTERMEDE.

LA VEILLÉE.

Tous les acteurs & les actrices, avec les danseurs & les danseuses, sont autour d'une table. Les actrices & les danseuses travaillent ; les unes filent à la quenouille, les autres au rouet ; quelques-unes tricotent des bas, &c.

RAGONDE.

Allons, mes enfans, à l'ouvrage :
Tandis que je travaillerons,
J'avons ici les garçons du village,
Qui vont nous divertir par d'aimables chansons.

Q iij

Ecoutez nos tendres chansons,
Et dansons tous ensemble au son de nos musettes.
De cet hyver faisons un doux printemps;
L'amour l'ordonne, & nous est favorable.
Quand on sait aux plaisirs donner tous les instans,
Toute saison est agréable.

RAGONDE.
Il chante mieux que vous, mon aimable Colin:
Je lui veux attacher ce ruban de ma main.

COLIN.
Laissez, reprenez votre ouvrage.

RAGONDE.
Mon cher enfant, reçois cette faveur;
C'est un présent de mariage.

COLIN.
Reprendre un époux à votre âge!

RAGONDE.
Oui, mon poupon; oui, mon cher cœur,
N'est-ce donc pas assez que trois mois de veuvage?
Je ne puis plus supporter ses ennuis.
Voici le temps des longues nuits;
Et, si bien-tôt je ne m'engage,
Mon honneur, à la fin, pourra faire naufrage:
Un plaisir légitime est tout ce que je veux.

LUCAS, THIBAUT, MATHURINE.
Ragonde avec Colin, le charmant assemblage!

RAGONDE.
Que je nous aimerons! Que je serons heureux!

LUCAS, THIBAUT, MATHURINE.
Ragonde avec Colin, le charmant assemblage!

RAGONDE.
Ah, les jolis enfans que je ferons tous deux!
Embrasse-moi.

DE VILLAGE.

COLIN.
Laissez, reprenez votre ouvrage.
RAGONDE.
Je croi que tu m'aimeras bien.
COLIN.
Non, morgué, je n'en ferai rien.

[*Ensemble.*]

RAGONDE. { Je croi que tu m'aimeras bien.
COLIN. { Non, morgué, je n'en ferai rien.
RAGONDE.
Tu fais le dégoûté ! Mais vois comme je brille.
A qui donc en veux-tu ?
COLIN.
J'en veux à votre fille.
RAGONDE.
A ma fille ! Merci de moi.
Je t'étranglerois avec elle,
Plûtôt que de la voir mariée avec toi.
[*tendrement.*]
Veux-tu me voir mourir ?
COLIN.
C'est une bagatelle.
Mourez, j'y consens de bon cœur,
Pourvû que j'épouse Colette.
RAGONDE.
C'est donc ainsi que l'on me traite ?
Traître ! tu sentiras l'effet de ma fureur.
Veux-tu me voir mourir ?
COLIN.
J'y consens de bon cœur,
Pourvû que j'épouse Colette.
[*à Colette.*]
Je croi que tu m'aimeras bien.
COLETTE.
Non, Colin, je n'en ferai rien.

[*Ensemble.*]

COLIN. { Je croi que tu m'aimeras bien.
COLETTE. { Non, Colin, je n'en ferai rien.

MATHURINE. *Air.*

Pargué, Colin, tu te moques du monde,
De refuser Dame Ragonde !
Elle est vieille, il est vrai, je ne l'ignorons pas ;
Mais elle a des écus : & vivent les appas
Par qui la cuisine se fonde.
Aga, quien, mon pauvre Colin,
Tu seras riche, & n'auras point d'ombrage.
Si tu prens jeune femme en ce siécle malin,
Bien-tôt tu verras le voisin
Partager avec toi les soins de ton ménage.

RAGONDE.

Oui, traître, tu m'épouseras,
Ou bien tu t'en repentiras.
Si tu prens une autre pour femme,
Je vais jetter un sort sur toi ;
Et je te jure, sur mon ame,
De te faire mourir, & de crainte, & d'effroi.

COLIN.

Me croyez-vous assez sot pour vous croire ?

MATHURINE.

Colin se rendra quelque jour.
Ne parlons plus de votre amour,
Et que chacun conte une histoire.

LUCAS.

J'en sais une, morgué, qui vous divartira.

RAGONDE.

Je vais en dire une charmante.

COLIN.

Ecoutez celle-ci, vous en serez contente.

DE VILLAGE.

RAGONDE.

Je m'en vais commencer, & Colin me suivra.

LUCAS.

Non, morgué.

COLIN.

C'est à moi.

RAGONDE.

Paix. La mienne est plaisante.

[*Tous trois ensemble.*]

LUC.
{ Climene, en son jeune printemps,
Dansoit un jour sur la fougere ;
Elle agaçoit, devant sa mere,
Un berger qui l'aimoit depuis assez long-
temps.

RAG.
{ Un jeune berger de vingt ans
Aimoit une jeune bergere ;
Mais il plaisoit fort à la mere,
Qui vouloit l'épouser en dépit de ses
dents.

COL.
{ Une vieille avoit quatre dents
Qui branloient, & ne tenoient guere ;
Elle vouloit être encor mere,
En épousant, par force, un berger de vingt
ans.

COLETTE.

Quoi, parler tous ensemble ? Eh, bon Dieu, quelle
honte !
Chacun, à votre tour, vous direz votre conte.

LUCAS *seul.*

Climene, en son jeune printemps,
Dansoit un jour sur la fougere ;

Elle agaçoit, devant sa mere,
Un berger qui l'aimoit depuis assez long-temps.

La vieille se mit en colere ;
Il prit, pour l'adoucir, un ton doux, langoureux :
Elle l'aima, fit voir bien de l'or à ses yeux ;
Et, d'amant de Climene, il devint son beau-pere.
RAGONDE *seule*.
Un jeune berger de vingt ans
Aimoit une jeune bergere ;
Mais il plaisoit fort à la mere,
Qui vouloit l'épouser en dépit de ses dents.

La bone femme étoit sorciere.
Pour punir le berger insensible à ses feux,
Elle en fit un matou qui devint furieux,
Et se précipita du haut d'une goutiere.
COLIN.
Une vieille avoit quatre dents,
Qui branloient & ne tenoient guere ;
Elle vouloit être encor mere,
En épousant, par force, un berger de vingt ans.

Il méprisa cette Mégere :
Elle voulut punir ce berger dédaigneux ;
Mais lui, pour prévenir ses desseins dangereux,
L'envoya soupirer au fond de la riviere.
RAGONDE.
Il suffit : je t'entens, & tu me connoîtras.
COLETTE *à Ragonde*.
J'avons, Lucas & moi, concerté la maniere
Dont il faut vous venger : ne vous désolez pas.
MATHURINE.
M'en croirez-vous ? Laissons cette matiere.
Dansons, dansons, je ne saurions mieux faire ;

DE VILLAGE.

CHŒUR
de payſans & de payſannes.

Danſons, danſons, je ne ſaurions mieux faire.

Ils danſent pluſieurs entrées, & l'intermede finit par une contredanſe, où tous les acteurs & toutes les actrices ſe mêlent.

Fin du premier intermede.

IIe. INTERMEDE,

LES LUTINS.

SCENE PREMIERE.

LE MAGISTER, LUCAS.

LUCAS.

OUI, le petit maître d'amour
Met tout en feu dans le village :
Il nous attaque nuit & jour,
Et veut que j'aimions à tout âge.
Ragonde, qui devroit se montrer la plus sage,
Est folle de Colin, qui ne veut point l'aimer ;
Pour Colette sa fille il soupire sans cesse :
Elle se rit de sa tendresse :
Colette a sû me plaire, & j'ai sû la charmer.

LE MAGISTER.

Ah, quel charivari !

LUCAS.

Ce qui me désespere,
C'est que Colette est fille de sa mere.

LE MAGISTER.

Comment, est-elle folle aussi ?

LUCAS.

Non, elle est sage, Dieu marci :
Mais, par un injuste caprice,
Ragonde ne veut pas que je soyons heureux,
Si Colin ne consent à contenter ses vœux.
Voyez quelle injustice !
Ah, morgué, queu tempérament !

DE VILLAGE.

A soixante ans être encor tout de flamme !
C'est un enchantement.
LE MAGISTER.
Elle est amoureuse, elle est femme,
Rien ne pourra guérir ce fol entêtement.
Tu sais dans ses desseins combien je m'intéresse.
Puisque sur son esprit la raison ne peut rien,
Pour lui donner Colin il faut user d'adresse.
LUCAS.
M'y voilà résolu, Colette le veut bien.
Heureusement pour nous la nuit est fort obscure.
Sous ce déguisement affreux
Je prépare à Colin une triste aventure.
Colette a feint tantôt de se rendre à ses feux,
Lui jurant de venir le trouver en ces lieux,
Dès le moment que sa mere endormie
Lui laisseroit le temps d'échapper à ses yeux ;
Colin qui l'aime à la folie,
Va s'y rendre au plûtôt, dans l'espoir d'être heureux.
J'ai mis dans notre intelligence
Quelques jeunes garçons déguisés comme moi,
Et la vieille amoureuse a conçû l'espérance
De s'assurer Colin, par la crainte & l'effroi,
Vous nous seconderez.
LE MAGISTER.
Tu verras des merveilles.
Quand il s'agit de faire un tour malin,
Je ne plains point ni mes soins, ni mes veilles.
LUCAS.
Quelque bruit, ce me semble, a frappé mes oreilles,
Retirons-nous, c'est l'amoureux Colin,

SCENE II.

COLIN seul.

JAmais la nuit ne fut si noire ;
Mais son obscurité favorise mes vœux.
Colette va venir. Que je serai joyeux !
Mon bonheur est si grand, que j'ai peine à le croire.
  Hâte-toi de me rendre heureux :
  Accours, mon aimable Colette,
 La nuit nous cache aux regards curieux.
Que de momens perdus ! Ah, que je les regrette !
Et toi, vieille marâtre, objet trop odieux,
Qui veut faire adorer tes paupieres vermeilles,
Ah, puisse le sommeil si bien fermer tes yeux,
  Que jamais tu ne te réveilles.
[*On entend une symphonie lugubre & des voix confuses.*]
J'entens un bruit affreux. Il redouble. Quels cris !
 [*Plusieurs voix crient de loin d'un ton étouffé.*]
Colin, Colin, Colin.

COLIN.
  Je tremble, je frissonne.
[*Deux Lutins dansent, ou plûtôt courent autour de lui, & ils lui soufflent dans le visage.*]
On court autour de moi ; je n'entens plus personne.
 [*Plusieurs voix sur le ton marqué ci-dessus.*]
Colin, Colin, Colin.
 [*Deux autres Lutins dansent une entrée fort vive, & lui donnent des coups de pieds.*]

COLIN.
  Ah, ce sont des Esprits !
Fuyons. Je ne le puis. La force m'abandonne.
  Hélas ! Je craignois que le jour

DE VILLAGE.

Ne vînt trop tôt chasser la nuit obscure:
Que ne puis-je à présent avancer son retour!
  Maudite nuit! Maudit amour!
  Mais il faut que je me rassure.
  Peut-être on m'a joué ce tour,
Ou ma seule frayeur cause cette aventure.
Allons ferme, Colin; faisons bonne figure.
  J'ai ma lanterne, par bonheur,
Ouvrons-la. Je me sens revenir le courage.
Par la mort, si quelqu'un ose me faire peur,
Je lui déchirerai les yeux & le visage.
  [*Deux Lutins entrent ; l'un lui arrache sa lanterne,*
  & éteint la lumiere, l'autre lui donne un soufflet:
  le tout se fait en même temps.]

COLIN.

Je suis mort. Au secours. Ne puis-je m'en aller?
  [*Deux autres Lutins viennent avec chacun un flam-*
  beau allumé, & s'opposent à sa suite, se présen-
  tant toujours devant lui, ensuite ils lui disent:]
  Si tu sors de ta place,
  Nous allons t'étrangler.

COLIN.

Je crois que le sabat vient ici s'assembler.
Eh, messieurs les Sorciers, je vous demande grace.

TROIS LUTINS.

  Si tu sors de ta place,
  Nous allons t'étrangler.
[*Plusieurs Démons viennent danser une Entrée, &*
par leurs gestes augmentent sa frayeur.]

TROIS LUTINS.

  Nous courons par tout le monde
  Pour tourmenter les humains:
  Ils n'échappent de nos mains
  Que par l'ordre de Ragonde.

PREMIER LUTIN.

Elle a sur nous un pouvoir absolu,

LA VEILLE'E

DEUXIÉME LUTIN.
Jusqu'au fond des Enfers sa voix se fait entendre;
TROISIÉME LUTIN.
Les Démons, les Sorciers près d'elle vont se rendre;
Et font toutes les nuits ce qu'elle a résolu.
CHŒUR DE LUTINS.
Vos secrets & votre puissance,
Ragonde, inspirent le respect:
Ministres de votre vengeance,
Nous frémissons à votre aspect.

[*Entrée de plusieurs Lutins & Démons qui menacent Colin, & qui ensuite le prennent & l'enlévent.*]

COLIN.
Au secours, on m'emporte,
Ragonde : hélas ! me laissez-vous périr ?

SCENE III.

RAGONDE, COLIN, LE MAGISTER, LUCAS, *Troupe de Lutins & de Démons.*

RAGONDE.
Hé bien, traître, veux-tu mourir,
Ou contenter l'ardeur qui me transporte ?
Ces Lutins pour jamais vont se saisir de toi,
Si tu ne me promets de me donner ta foi.
COLIN.
Ah, dissipez mes cruelles alarmes,
Adorable Ragonde, & je suis tout à vous.
Oui, c'en est fait, je me livre à vos charmes;
Je fais de vous aimer mon bonheur le plus doux.
RAGONDE.
Mais il faut m'épouser, c'est un point nécessaire.

DE VILLAGE.

COLIN.

Me voilà foumis à vos loix.
Je vous époufrerois cent fois,
Plûtôt que d'attirer fur moi votre colere.

RAGONDE.

Puifque mon cher Colin ne fonge qu'à me plaire,
Démons, rentrez dans les enfers.
Partez, Lutins, volez au bout de l'univers.

Fin du fecond intermede.

IIIe. INTERMEDE.

LA NOCE, ET LE CHARIVARI.

Marche de paysans & de paysannes. Lucas donne la main à Colette ; & Ragonde couronnée de fleurs, & parée ridiculement, est conduite par Colin. Après que la marche est finie, le Magister dit ces paroles.

LE MAGISTER.

A La noce, à la noce, allons, accourez tous ;
Rions, chantons, dansons, faisons les fous.

CHŒUR
de Paysans & de Paysannes.

A la noce, à la noce, allons, accourez tous ;
Rions, chantons, dansons, faisons les fous.

LE MAGISTER.

Pour célébrer un double mariage
Nous assemblons tout le village.
Que Lucas est heureux ! Quels seront ses plaisirs !
Mais Colin va jouir d'un plus doux avantage :
Ragonde, objet de ses soupirs,
Se livrera bien-tôt à ses brûlans desirs :
O nuit ! Viens achever ce charmant assemblage !

CHŒUR.

O nuit ! Viens achever ce charmant assemblage !
A la noce, à la noce, allons, accourez tous ;
Rions, chantons, dansons, faisons les fous.

LUCAS.

J'ai soupiré long-temps pour l'aimable Colette,
Colette soupiroit pour moi :

DE VILLAGE.

J'étions amans, je vivois sous sa loi,
Et je goûtions tous deux une douceur parfaite.
Me voilà son époux, & ce lien charmant
L'oblige à m'obéir ; c'est la loi du village ;
  Mais pour faire un bon mariage,
  Colette & moi j'agissons prudemment :
Je voulons ignorer que je somm'en ménage.
Colette est ma maîtresse, & je suis son amant.

COLETTE.

  Lucas, je t'en fais ma promesse,
  Je serai toujours ta maîtresse ;
Tu seras mon amant, & non pas mon époux ;
  C'est le moyen de nous aimer sans cesse.
  Pour conserver des noms si doux,
  Ne sois jamais querelleur ni jaloux,
Garde-toi de brûler d'une nouvelle flamme ;
Si je m'en apperçois, je le dis entre nous,
  Dès le moment je te traite en époux,
    Et je deviens ta femme.

LE MAGISTER.

Chantons, chantons ensemble, & que l'écho répéte ;
  Vive Lucas, vive Colette ;
   Ils ont trouvé tous deux
  Le secret d'être heureux.

CHŒUR.

Chantons, chantons ensemble, & que l'écho répéte ;
  Vive Lucas, vive Colette ;
   Ils ont trouvé tous deux
  Le secret d'être heureux.

PREMIERE ENTRÉE.

LE MAGISTER.

Ce n'est que dans notre village,
Ce n'est que dans ce beau séjour
Qu'on trouve le secret d'être heureux en ménage :
Ailleurs, quand on s'engage
Le jour du mariage,
A peine est-il un heureux jour.

CHŒUR.

Chantons, chantons ensemble, & que l'écho répéte :
Vive Lucas, vive Colette ;
Ils ont trouvé tous deux
Le secret d'être heureux.

SECONDE ENTRÉE.

RAGONDE à Colin.

On chante Lucas & Colette ;
Et l'on ne parle point de nous.

CHŒUR.

Vivez, vivez, heureux époux,
Goûtez une douceur parfaite.

COLIN *en pleurant*.

Quelle douceur, hélas !

LUCAS.

Quoi, Colin, tu verses des larmes
Dans ce moment pour toi si plein de charmes ?

DE VILLAGE.

COLIN.

Je ne pleurerois pas
Si Lucas étoit à ma place,
Et si j'étois à celle de Lucas.

RAGONDE.

Quoi, même après l'hymen tu me mépriseras?

COLIN.

Que voulez-vous donc que je fasse?
Je ne pleurerois pas
Si Lucas étoit à ma place,
Et si j'étois à celle de Lucas.

RAGONDE.

Tu dois oublier Colette,
Elle est jeune, elle est folette,
Elle pourroit trahir tes feux;
Mais avec moi tu seras plus heureux:
Je ne serai volage ni coquette.
Tu peux compter sur ma fidélité.
Pour tout autre que toi tu me verras cruelle.

COLIN.

Eh, qui diable feroit tenté
De vous rendre infidelle?

RAGONDE.

Merci de moi;
Me traiter de la sorte,
Après m'avoir donné ta foi!
La fureur me transporte.
Démons, Lutins, Sorciers, accourez me venger
D'un mari qui veut m'outrager.

COLIN *se jettant á ses pieds.*

Pardon, ma chere épouse,
Mon amour pour Colette expire à vos genoux.

RAGONDE.

Garde-toi bien de me rendre jalouse,
Et songe à t'acquitter des devoirs d'un époux.

[*Tous les Paysans & Paysannes qui avoient disparu*

pendant le dialogue de Ragonde & de Colin, viennent avec les instrumens propres pour un charivari.]

LE MAGISTER.

Que l'on chante par tout le monde
Le bonheur de Colin, les plaisirs de Ragonde.

CHŒUR.

Que l'on chante par tout le monde
Le bonheur de Colin, les plaisirs de Ragonde.

LE MAGISTER.

Son cœur sensible à soixante ans
Ressent les feux les plus ardens :
Pour contenter sa flamme,
La bonne femme
Prend un jeune mari,
Charivari, charivari, charivari.

CHŒUR.

Charivari, charivari, charivari.

LUCAS.

Pour éviter la disgrace ordinaire,
Colin délicat & jaloux,
Ne veut point devenir l'époux
D'une jeune bergere.
Colette est à ses yeux moins belle que sa mere.
Suivez, jeunes garçons, l'exemple que voici,
Charivari, charivari, charivari.

CHŒUR.

Charivari, charivari, charivari.

LUCAS, LE MAGISTER, RAGONDE.

Que l'on chante par tout le monde
Le bonheur de Colin, les plaisirs de Ragonde.

LE MAGISTER.

Vive la bonne femme & le jeune mari,
Charivari, charivari, charivari.

[*On danse, & l'Interméde finit par la même marche qui l'a commencé, & par un Charivari.*]

[Vou-

[Vous venez de lire le Balet des *Amours de Ragonde*, tel que je l'ai compofé.

Voici préfentement les *Fêtes de l'Inconnu*, qui font d'un ton bien plus férieux, & qu'on peut regarder comme une efpéce de Paftorale.

Le Dieu du Myftere y préfide d'abord, parce que la perfonne qui donnoit cette fête à Madame la Ducheffe du Maine, fouhaitoit extrêmement de n'être point connue; & qu'il n'y avoit que moi qui fût dans la confidence: c'eft pourquoi je m'avifai d'introduire HARPOCRATE, le Dieu du filence, pour en faire l'ordonnateur de la Fête, qui ne manqua pas d'avoir un très-grand fuccès, que l'on doit beaucoup plus attribuer à l'air myftérieux dont elle fut donnée, qu'au mérite de l'ouvrage.]

F I N.

LES FESTES
DE L'INCONNU,

DIVERTISSEMENT,

Pour S. A. S. Madame la Ducheffe du Maine.

Donné à Sceaux le Jeudi 22. Novembre 1714.

ACTEURS.

LE MYSTERE.

CÉRES.

ASTRÉE.

AGLAURE.

CYDIPPE.

TYRCIS.

LYCIDAS.

UN LABOUREUR.

UN MOISONNEUR.

LES SUIVANS du Myſtere.

TROUPE de Bergers & de Bergeres.

La Scéne eſt dans le château de Sceaux.

LES FESTES DE L'INCONNU,

Divertissement en musique.

PREMIER INTERMEDE

Qui sert de Prologue.

LE MYSTERE, DEUX SUIVANS.

LE MYSTERE.

E Dieu du jour est descendu sous l'onde,
Le sommeil en tous lieux a versé ses pavots.
Tandis que l'univers goûte un profond repos,
C'est au Dieu du mystere à régner dans le monde.

PREMIER SUIVANT.

Où sommes-nous ? Quel important projet
Vous a conduit ici pendant la nuit obscure ?
Ne pourrons-nous apprendre ce secret ?
Le cacher plus long-temps, c'est nous faire une injure.

LES FESTES

LE MYSTERE.

Non, je ne prétens point vous cacher mes desseins;
Tous deux confidens du Mystere,
Vous possédez cet art si salutaire
Et si peu connu des humains,
C'est l'art de savoir tout, & de savoir le taire.
Vous êtes dans ce beau séjour,
Où les mortels & les dieux chaque jour
S'empressent d'admirer l'auguste LUDOVISE;
J'y viens aussi pour lui faire ma cour;
Secondez-moi, l'instant nous favorise.

DEUXIÉME SUIVANT.

Avez-vous pû former cette entreprise?
Vous vous livrez à des soins superflus;
Et le mystere est inutile
Dans un séjour que les vertus,
Et l'innocence ont choisi pour asyle.

LE MYSTERE.

Ma présence devient nécessaire en ces lieux,
Et j'y vais ordonner une fête nouvelle.

PREMIER SUIVANT.

Pour faire éclater votre zéle,
Vous deviez y conduire & les Ris & les Jeux.

LE MYSTERE.

Ils vont suivre mes pas, & s'offrir à nos yeux.

DEUXIÉME SUIVANT.

Mais que dois-je augurer d'un si profond silence?
Je ne vois point ici cette magnificence,
Ces superbes apprêts, ces spectacles charmans
Qui rendent les nuits plus brillantes *
Que les plus beaux jours du printems.

LE MYSTERE.

Ces fêtes sont trop éclatantes,

---

* *On appelloit ces Fêtes de Sceaux*, les GRANDES NUITS, *parce qu'elles se donnoient pendant la nuit.*

On y veut rappeller cette simplicité,
Leur unique ornement, quand on les fit éclore.
####### PREMIER SUIVANT.
Sans pompe & sans éclat plairont-elles encore ?
####### LE MYSTERE.
Un inconnu s'en est flatté ;
Pour charmer le bon goût, il n'est pas nécessaire
De recourir à tant d'éclat ;
Souvent un plaisir simple, innocent, délicat,
Est plus propre à le satisfaire.
L'Inconnu qui m'emploie a formé cet espoir.
####### PREMIER SUIVANT.
Je crains qe'il ne s'en fasse accroire.
####### LE MYSTERE.
Pour ne point hazarder sa gloire
Il a recours à mon pouvoir.
####### DEUXIÉME SUIVANT.
Ne pouvons-nous savoir son nom & sa naissance ?
####### LE MYSTERE.
[*Tous les Suivans du Mystere entrent, & il leur dit tout bas, le nom de l'Inconnu.*]
Écoutez tous... Vous savez nos secrets ;
Qu'ils soient enfévelis dans un profond silence.
####### LES DEUX SUIVANS.
Vous pouvez être sûr que nous serons discrets.
####### LE MYSTERE *à tous ses Suivans.*
Secondez mes soins & mon zéle,
O vous qui possédez mon art mystérieux:
Commencez avec moi cette fête nouvelle,
Et cachons l'Inconnu qui la donne en ces lieux.

PREMIERE ENTRÉE.

DEUX SUIVANS forment l'Entrée.

PREMIER SUIVANT.

Tout réussit par le myſtere :
Par ſon ſecours mille guerriers
Ont plus moiſſonné de lauriers,
Que par la valeur téméraire :
Un amant ſubtil & diſcret,
Un miniſtre prudent qui cache ſon ſecret ;
Ont rarement un ſort contraire ;
Tout réuſſit par le myſtere.

SECONDE ENTRÉE.

DEUXIÉME SUIVANT.

Sans le myſtere il n'eſt rien d'agréable :
Lorſqu'en dépit d'un jaloux curieux,
On aime un objet adorable
Qui d'un regard tendre & myſtérieux
Promet un retour favorable,
Tous les inſtans ſont doux & précieux :
Mais la beauté la plus aimable,
Que ſans trouble & ſans crainte, on voit à chaque
  inſtant,
Malgré tous ſes appas rend l'amour languiſſant :)
Sans le myſtere il n'eſt rien d'agréable.

TROISIÉME ENTRÉE.

LE MYSTERE ET LES DEUX SUIVANS.

Tendres amans qui soupirez
Des rigueurs de vos inhumaines,
Aimez constamment, esperez
L'heureux instant qui finira vos peines :
Mais quand l'amour comblera vos desirs,
Cachez votre bonheur & tâchez de vous taire;
Ce Dieu veut toujours du mystere,
Et les plaisirs secrets sont les plus doux plaisirs.

[*Tous les Danseurs forment une Entrée. Un des Suivans du Mystere représente l'Inconnu ; deux autres Suivans représentent les curieux qui veulent le connoître, & les autres Suivans s'opposent à leur curiosité ; ce qui fait une danse dans le goût des Pantomimes, & finit le premier Interméde.*]

Fin du premier interméde.

IIe. INTERMEDE.

ASTRÉE, AGLAURE, CYDIPPE.

AGLAURE.

Quel sujet vous oblige à descendre des Cieux ?
Déesse, daignez nous le dire :
Va-t-on revoir ce siécle heureux,
Où les premiers mortels vivoient sous votre empire ?

ASTRÉE.

Non ; pour leurs successeurs il n'auroit point d'attraits :
Astrée a pour jamais abandonné la terre.

AGLAURE.

La paix les a sauvés des horreurs de la guerre ;
Joignez votre présence à ses nouveaux bienfaits.
Quoi ? N'est-il plus permis de former l'espérance
De voir encor régner l'innocence & la paix ?

ASTRÉE.

Nymphes, n'espérez pas que jamais ma présence
Raméne les humains sous mes paisibles loix.
J'ai beau les appeller, ils sont sourds à ma voix ;
Et ne m'ont opposé que trop de résistance.

CYDIPPE.

Eh, pourquoi quittez-vous le céleste séjour,
S'ils n'ont pas mérité cette faveur nouvelle ?

ASTRÉE.

C'est LUDOVISE qui m'appelle.
Au milieu des plaisirs de sa brillante cour,
 Souvent cette auguste mortelle
 Desire l'aimable retour
Du siécle fortuné, dont l'image fidelle
 Enchantent les cœurs vertueux ;
 Je vais en offrir à ses yeux

Une peinture naturelle ;
Ce sera le parfait modelle
Des plaisirs simples, innocens,
Qui seront désormais ses doux amusemens.

Ô vous ! qui me rendez de sinceres hommages,
Et qui chérissez mes bienfaits,
Quittez vos hameaux, vos boccages,
Reste innocent de mes premiers sujets.

Jeunes bergers, tendres bergeres,
Venez dans ces beaux lieux, seconder mes desirs ;
Chantez, chantez vos jeux & vos plaisirs,
Et mêlez vos concerts à vos danses légeres.

[*Astrée, Aglaure & Cydippe*, redisent ensemble ces quatre derniers vers ; après quoi les bergers & les bergeres paroissent.]

MARCHE de Bergers & de Bergeres.

UN BERGER.

Dans nos champs & sur nos côteaux,
Les plaisirs nous suivent sans cesse.
Nous n'avons, pour toute richesse,
Que nos chiens & nos troupeaux.

Ces biens ont pour nous tant de charmes,
Que nous ne formons point d'inutiles desirs ;
Et nous n'aurions jamais de craintes ni d'alarmes,
Si l'amour quelquefois ne troubloit nos plaisirs.

PREMIERE ENTRÉE.

UN AUTRE BERGER *chante l'air suivant, accompagné d'une musette.*

Dans mon jeune printemps, je vis la belle Anette
Assise au bord d'un clair ruisseau ;
Je me mis auprès d'elle, & laissai mon troupeau,
Pour chanter ses appas sur ma tendre musette.
 Elle fut sensible à mes chants,
 Et me promit de n'être point cruelle.
 Je suis heureux depuis ce temps ;
J'aime toujours Anette, Anette m'est fidelle.

SECONDE ENTRÉE.

ÉGLOGUE chanté par deux Bergers,

TYRCIS, LYCIDAS.

TYRCIS.
Je veux chanter mon aimable Philis.
LYCIDAS.
Je veux chanter ma charmante Climene.
TYRCIS.
Elle n'a pour mes feux que rigueurs & mépris.
LYCIDAS.
Elle est insensible à ma peine.
TYRCIS.
Malgré les maux dont m'accable l'amour,
J'aimerois mieux mourir, que de briser ma chaîne.

LYCIDAS.

Je meurs pour ma belle inhumaine,
Et mon tourment m'est plus cher que le jour.

TYRCIS.

Rien n'est si brillant que l'Aurore,
Lorsqu'elle vient ouvrir la barriere des Cieux.
Ma Philis est plus belle encore.

LYCIDAS.

La mere des Amours sut charmer tous les Dieux,
Quand l'onde mit au jour cette beauté naissante.
Climene est encor plus charmante.

TYRCIS.

Je suis soumis à votre loi,
Aimable & cruelle bergere;
Et demain vous aurez ma brebis la plus chere.

LYCIDAS.

Je suis tout à l'Amour, je ne suis plus à moi.
Pour vous marquer, Climene, une flamme parfaite;
Je vous donne aujourd'hui mes chiens & ma houlette.

Ensemble.

Amour, doux tyran de nos cœurs,
Languirons-nous toujours sous le poids de nos chaînes?
Fidéles & constans, nous ressentons tes peines:
Fais-nous goûter enfin tes charmantes douceurs.

ENTRÉE

D'UNE BERGERE ET D'UN BERGER.

AGLAURE.

Au bon vieux temps de l'innocence,
Les discours n'étoient point trompeurs;
On pouvoit lire dans les cœurs,
Et l'on jugeoit sur l'apparence.

On balançoit à faire un choix,
Pour ne tomber jamais dans l'inconstance ;
On rougissoit d'aimer plus d'une fois ;
Et l'Amour & l'hymen étoient d'intelligence.

CYDIPPE.

De ce bon temps & de nos jours,
Voici quelle est la différence.
On ne peut plus juger sur l'apparence ;
On fait gloire de l'inconstance ;
L'hymen est le tombeau des plus tendres amours.

CHŒUR
de Bergers & de Bergeres.

Dans nos hameaux, dans nos boccages,
Suivons les loix du bon vieux temps ;
Ne soyons trompeurs ni volages.
Faisons tous nos plaisirs des plaisirs innocens,
Que l'on goûte à tous les instans
Dans nos hameaux, dans nos boccages.

Ils dansent tous en rond, & finissent l'Intermede.

III.ᵉ INTERMEDE.

CÉRÉS, UN LABOUREUR, UN MOISSONNEUR.

LE LABOUREUR.

EN quels lieux nous conduisez-vous ?
Ce superbe palais ne fut point fait pour nous.
Dans ces demeures magnifiques,
Vous nous voyez étonnés, éperdus :
Mais, pour l'éclat qui s'offre à nos regards confus,
Nous ne changerions pas nos cabanes rustiques.

CERÉS.

Ne soyez point surpris de vous voir en ces lieux ;
Et que chacun de vous s'empresse
A divertir une auguste Princesse,
Qui se fait révérer des mortels & des Dieux.

LE MOISSONNEUR.

Eh, pouvons-nous aspirer à lui plaire ?
Tout notre art se réduit à fendre des sillons,
A semer nos guérêts, à cueillir nos moissons.
Vous nous avez appris cet art si nécessaire,
C'est le seul que nous possédons.

LE LABOUREUR.

Les plaines, les côteaux, les vallons, les montagnes,
Produisent par nos soins mille dons précieux.
Mais nous ignorons tous dans nos riches campagnes,
L'art de plaire aux mortels, qui comptent pour ayeux,
Et les Monarques, & les Dieux.

CERÉS.

Ne craignez pas qu'on vous méprise
Dans ce Palais dont la beauté,

LES FESTES

L'éclat & l'ornement causent votre surprise.
La candeur, la sincérité,
Ont des charmes pour LUDOVISE.
Venez tous, ne me quittez pas.

LE LABOUREUR & LE MOISSONNEUR.

Puisque vous l'ordonnez, nous marchons sur vos pas.

*MARCHE de Laboureurs, de Moissonneurs,
& de Moissonneuses.*

CERÉS *adresse ces mots à la Princesse.*
Des habitans du céleste séjour,
On voit en vous une parfaite image :
Ils ont quitté les Cieux pour venir tour à tour
Vous rendre un éclatant hommage.

Recevez le mien en ce jour.
Mon cortége est peu magnifique ;
Et je n'offre à vos yeux, dans votre aimable cour,
Que les jeux innocens d'une troupe rustique.

Pour vos amusemens, c'est tout ce que je puis.
Jettez sur nous des yeux propices ;
Et daignez aujourd'hui recevoir les prémices
De nos moissons & de nos fruits.

[*Ils viennent tous, en dansant, mettre aux pieds de la Princesse, les uns, de petites gerbes de bled, & les autres, des corbeilles pleines de fruits & couronnées de roses.*]

[*On danse plusieurs entrées.*]

UN LABOUREUR.

Avant que le printemps raméne la verdure,
Nous disposons la terre à nous offrir ses dons.

AUTRE LABOUREUR.

Si-tôt que le zéphir ranime la nature,
Il nous promet d'amples moissons.

LE MOISSONNEUR.

LE MOISSONNEUR.
L'Été comble notre espérance :
On nous voit, pleins d'ardeur, dépouiller les sillons,
Et recueillir une heureuse abondance.

Tous trois ensemble.

Mais quand l'hyver vient désoler nos champs,
Et de ses noirs frimats couvrir toute la terre,
Dans un profond repos nous passons notre temps,
Et nous bûvons tous ensemble à plein verre.

Entrée générale, qui finit le Divertissement.

LA FESTE
DE
LA NYMPHE LUTECE,

Troisiéme Divertissement,

Pour S. A. S. Madame la Duchesse du Maine.

ACTEURS.

LA NYMPHE DE LUTECE.

UN DÉPUTÉ DE LA VILLE.

L'ORDONNATEUR.

SUITE DE LA NYMPHE.

SUITE DE L'ORDONNATEUR.

CHŒUR.

UN VIEILLARD.

UNE VIEILLE.

LA NYMPHE DE SCEAUX.

La scène est à Paris.

LA FESTE DE LA NYMPHE LUTECE,

Troisiéme Divertissement.

SCÉNE PREMIERE.

LA NYMPHE LUTECE *à* S. A. S.

QUOI, vous vous préparez à sortir de ces lieux?
Arrêtez, auguste Princesse;
Daignez sur moi jetter les yeux,
Et combler les desirs de la Nymphe Luteces
On vient avec ardeur, des plus lointains climats,
Pour admirer l'éclat de ma superbe ville:
Mais tant d'honneurs ont pour moi peu d'appas;
Et je jouis d'une gloire stérile,
Lorsque dans ce séjour je ne vous retiens pas.
Ah! Que n'a-t-il de quoi vous plaire!
Vous en seriez le plus bel ornement;
Je n'aurois plus de vœux à faire,
Et le bruit de mon nom croîtroit incessamment.

LA FESTE

Quelle honte pour moi, Princesse,
Si pour vous retenir mon zéle en vain s'empresse !

SCENE II.

LA NYMPHE LUTECE, UN DÉPUTÉ DE LA VILLE.

LE DÉPUTÉ.

Nymphe, je viens me joindre à vous,
    Et seconder votre entreprise.
Si nous pouvons fléchir l'auguste *Ludovise*,
De tous vos habitans que le sort sera doux !
    Pour vous offrir leur tendre hommage,
Ils m'ont tous envoyé vers ce palais charmant ;
Princesse, répondez à leur empressement.
    Les Dieux, dont vous êtes l'image,
    Des mortels exaucent les vœux,
    Quand les cœurs les portent vers eux.
De nos cœurs, en ce jour, écoutez le langage ;
Ils se donnent à vous, daignez les recevoir,
Et laissez-nous jouir du charmant avantage
    De vous aimer, & de vous voir.

LA NYMPHE.

    De votre ayeul comblé de gloire,
L'univers attentif admiroit autrefois
    Les célébres exploits ;
Et nous honorerons à jamais sa mémoire.

LE DÉPUTÉ.

Vous avez ses vertus, son esprit & son cœur ;
Il aimoit ce séjour, il en goutoit les charmes.
Quand vous voulez partir, vous voyez nos alarmes.
Par vos bontés pour nous, imitez ce vainqueur.

DE LA NYMPHE LUTECE.

LA NYMPHE & LE DÉPUTÉ.

A nos tendres respects Ludovise est sensible;
Elle accepte nos cœurs, elle exauce nos vœux:
Efforçons-nous, s'il est possible,
A mériter un bien si précieux.

SCENE III.

LA NYMPHE LUTECE, LE DÉPUTÉ, L'ORDONNATEUR.

On entend une symphonie fort vive & fort gaie.

LA NYMPHE.

Quel bruit interrompt de ces lieux
Le silence paisible!

L'ORDONNATEUR.

On vient de vous offrir l'hommage de nos cœurs;
Et moi, pour vos plaisirs, je ferai cent miracles.
Je suis l'Ordonnateur des jeux & des spectacles;
Et les nôtres pour vous auront mille douceurs.
Vous verrez sur la scène
De nos anciens héros les surprenans exploits;
Et la tragique Melpomene
Y versera le sang des Princes & des Rois.
Ici, la riante Thalie
Se raille plaisamment des modes & des mœurs;
Et sa fine plaisanterie
Corrige & divertit de nombreux spectateurs.

Tous trois.

Que d'efforts désormais l'une & l'autre vont faire,
Pour vous amuser & vous plaire!

LA FESTE

LA NYMPHE.

Dans un palais superbe & somptueux,*
Qu'habitent les neuf Sœurs & le Dieu du Parnasse,
Vous entendrez des sons plus gracieux
Que les tendres accords du Chantre de la Thrace.

L'ORDONNATEUR.

Vous y verrez des héros langoureux,
Jurer des flammes éternelles ;
Neptune, Jupiter, & tous les autres Dieux,
Soupirer tendrement pour des beautés mortelles.

LE DÉPUTÉ.

Vous y verrez cent prodiges divers,
Le Palais éclatant du maître du tonnerre,
Le noir séjour du tyran des enfers,
Les charmes de la paix, les horreurs de la guerre,
Des campagnes, des prés, des fleuves, & des mers.

L'ORDONNATEUR.

De nouveaux Céladons dans un sombre boccage ;
Y mêleront leur voix au murmure des eaux ;
Et, pour rimer avec les clairs ruisseaux,
Vous entendrez mille petits oiseaux,
Accorder leur tendre ramage
Au doux son des chalumeaux.

Tous trois.

Que de charmes !
Que d'alarmes !
Que de soupirs !
Que de desirs !
Que de tourmens ! Que de peines !
Que de constance dans les chaînes !

L'ORDONNATEUR.

Enfin, nos lyriques auteurs
Épuiseront pour vous Phœbus & les neuf Sœurs.

* *La Salle de l'Opera.*

LE DÉPUTÉ.

DE LA NYMPHE LUTECE.

LE DÉPUTÉ.

D'autres amusemens que la saison présente,
Bien loin de tromper votre attente,
Vous feront bien-tôt voir, que ces aimables lieux
Sont le digne séjour des Héros & des Dieux.

LA NYMPHE.

Toute ma suite s'apprête
A vous donner une agréable fête;
Ce n'est qu'un simple essai des spectacles charmans,
Que nous vous préparons pour vos amusemens.

L'ORDONNATEUR.

Ma suite va se joindre à la troupe galante,
Qu'appelle en ce Palais cette Nymphe brillante.

SCENE IV.

Marche de la suite de la Nymphe Lutece, & de celle de L'Ordonnateur. La suite de la Nymphe entre par une porte du sallon, & celle de l'Ordonnateur par l'autre porte qui y fait face. Après que la marche est finie, le Chœur dit :

CHŒUR.

O L'heureux jour! O l'heureux jour!
Gardons-en à jamais l'agréable mémoire.
LUDOVISE avec nous habite ce séjour.
Chantons notre bonheur, célébrons notre gloire.

PREMIERE ENTRÉE.

UNE NYMPHE.

Aimables jeux, secondez-nous.
Accourez, brillante jeunesse;
Tendres amours, rassemblez-vous.
Suivons toujours cette auguste Princesse.
Puisse-t-elle en ces lieux goûter mille douceurs!
Qu'en dépit de l'hyver, Zéphir anime Flore;
Et qu'on chante avec nous du couchant à l'aurore,
L'auguste LUDOVISE est la reine des cœurs.

CHŒUR.

L'auguste LUDOVISE est la reine des cœurs.

SECONDE ENTRÉE.

UN VIEILLARD.

Sous le fardeau des ans, je plie & je succombe.
J'irai bien-tôt rejoindre mes ayeux;
Et mon centiéme hyver me conduit sous la tombe.
Mais, puisqu'enfin j'ai pû me traîner en ces lieux,
Je quitte sans regret ma nombreuse famille.
Je ne crains plus qu'on me ferme les yeux;
J'ai vû du Grand CONDÉ l'auguste & digne fille.

ENTRÉE D'UN VIEILLARD
& d'une Vieille.

[On entend une symphonie vive, ce qui marque la colere de la Nymphe de Sceaux, qui arrive dans ce moment pour interrompre la fête.]

SCENE V.

LA NYMPHE DE SCEAUX,
& les acteurs de la Scéne précédente.

LA NYMPHE DE SCEAUX
à la Princesse.

Quoi ! Vous vous laissez éblouir !
Se peut-il qu'en ces lieux vous trouviez quelques
 charmes ?
Verrez-vous sans pitié mes cruelles alarmes ?
Mon éclat, mes honneurs, vont-ils s'évanouir ?
 J'ai caché ma douleur profonde,
Quand vous avez quitté mon aimable séjour
 Pour aller voir le plus grand Roi du monde.
Je vous vois sans regret dans sa brillante cour;
Mais je ne puis souffrir que la Nymphe Lutece
 Désormais l'emporte sur moi.
Quittez, quittez ces lieux, adorable Princesse,
Et dissipez enfin mon trouble & mon effroi.

LA NYMPHE LUTECE.

Nous ne prétendons pas vous ravir l'avantage
 Dont vous jouissiez avant nous.
 Mais souffrez du moins un partage,
 Qui n'a rien de honteux pour vous.
Songez, Nymphe de Sceaux, que je suis votre égale;
Que ma superbe ville est le séjour des Rois,
 Qu'ils m'ont souvent honoré de leur choix,
Et qu'en moi vous avez une digne rivale.

LA NYMPHE DE SCEAUX.

Je veux bien avec vous partager mes honneurs.
J'approuve vos desirs, & je les favorise.
 Unissons nos soins & nos cœurs,

LA FESTE, &c.
Pour amuſer l'auguſte LUDOVISE.
Enſemble.
Uniſſons nos ſoins & nos cœurs,
Pour amuſer l'auguſte LUDOVISE.
CHŒUR.
O l'heureux jour! O l'heureux jour!
Gardons-en à jamais l'agréable mémoire.
LUDOVISE avec nous habite ce ſéjour;
Chantons notre bonheur, célébrons notre gloire.

On danſe une Entrée générale qui finit le Divertiſſement

Fin du tome ſixiéme.

www.ingramcontent.com/pod-product-compliance
Lightning Source LLC
Chambersburg PA
CBHW060122170426
43198CB00010B/991